CW01080318

MEDITERRANEAN
COUNTRY HOUSES

VIVIR EN EL CAMPO
REHABILITACIÓN DE CASAS RURALES

Author: Arian Mostaedi
Publishers: Carles Broto & Josep Mª Minguet

Project Manager: Carmina Vilaseca
Production & Cover design: Francisco Orduña
Graphic Design: Albert Valero
Editorial Coordinator & Text: Jacobo Krauel

Stylist: Carmina Vilaseca & Colisa Camps

Photographs: Luís Sans
Carmen Macià
Helena Poch
Albert Font
José Luís Banús
Lourdes Jansana

© All languages (except Spanish language)
Carles Broto i Comerma
Ausias Marc 20, 4-2
08010 Barcelona, Spain
Tel.: 34 93 301 21 99 Fax: 34 93 302 67 97
E-mail: linksed@teleline.es

© Spanish language
Instituto Monsa de Ediciones, s.a.
Gravina, 43
08930 Sant Adrià de Besòs. Barcelona, Spain.
Tel.: 34 93 381 00 50. Fax: 34 93 381 00 93
E-mail: monsa@monsa.com

ISBN English edition: 84-89861-45-5
ISBN Spanish edition: 84-95275-44-9
D.L. B-13040-2001

Printed in Spain

MEDITERRANEAN
COUNTRY HOUSES

VIVIR EN EL CAMPO
REHABILITACIÓN DE CASAS RURALES

Introduction

Old stone country houses have a special charm: knowing that they have withstood the passing of time with dignity makes them especially attractive. However, restoring them to their former splendour is not an easy task. Present-day life is very different from that of former times, and it is therefore a great art to convert them into welcoming homes in which to take refuge from the smoke and noise of the city. It is necessary to respect everything that gives them character and make as few changes as possible to adapt them to modern demands.

In most cases, unless the dwelling was in a very poor state, the lower floors of these Mediterranean houses are usually the areas that need greater attention because they were often used for grinding flour or pressing oil. They were sometimes also used as stables for the animals, which helped to heat the house in the cold winters. Although they have large fireplaces, a heating system has to be fitted. These stables, mills or stores can now be converted into spacious and cool living rooms, dining rooms or kitchens with arched ceilings or wooden beams that generally have direct access to the garden.

Having overcome the problem of building large openings in stone walls, architecture now solves the technical problems and offers new perspectives while it plays with the new and with the old. The only problem when you start to restore a house is that you might catch the restoration bug. You start and you can't stop-first the restoration, then the extension or modification, the garden ... There's always an excuse for building work, and it can go on forever. There are endless possibilities and the natural environment is a world of stimulating suggestions for improving the house.

Las casas de campo de piedra antigua tienen un encanto especial: Saber que han estado allí durante siglos resistiendo con dignidad el paso del tiempo las hace especialmente atractivas. Sin embargo, devolverles su antiguo esplendor no es tarea fácil. Los usos, las personas y las costumbres son distintas por lo que es todo un arte saberlas reconvertir en acogedoras casas a las que ir a refugiarse fuera de los humos y ruidos de las ciudades.

Hay que saber respetar todo aquello que da carácter y eliminar lo imprescindible para poder acomodarlas a las exigencias de la vida actual. En la mayoría de los casos, a no ser que la vivienda estuviera en estado ruinoso, la plantas bajas suelen ser las zonas que han necesitado mayor atención ya que antiguamente los bajos de estas casas mediterráneas eran molinos en los que se elaboraba harina o aceite. En muchas otras ocasiones estas estancias eran destinadas a ser establos para los animales que así ayudaban a calentar la casa en los duros días de invierno. Actualmente aunque las chimeneas todavía resisten, todas las casas han necesitado adaptar un sistema de calefacción. Además, el abandono de la casa-oficio ha proporcionado la reconversion de estas antiguas cuadras, molinos, despensas... en frescas salas, comedores o cocinas. Piezas ámplias con techos abovedados o de vigas y generalmente con salida directa al jardín.

Superada también la barrera del muro de piedra que no permitía grandes aperturas, la arquitectura no solo soluciona problemas técnicos sino que ofrece nuevas perspectivas mientras juega con lo nuevo y con lo viejo. El único problema que puede surgir cuando se inicia una restauración es la de contraer una enfermedad de difícil curación conocida como "mal de piedra". Se empieza y ya no se puede parar, primero es la restauración, después la ampliación o la modificación, el jardín... Siempre existe una excusa para seguir unas obras que se pueden hacer eternas. Las posibilidades son muchas y el mismo entorno natural es un mundo de sugerencias que animan a ponerse manos a la obra.

Jacobo Krauel

House on a hilltop

This old house is located on a hill surrounded by fields of olive trees and has views of the Mediterranean, but the dwelling had been long abandoned and required a thorough restoration. For the rehabilitation the interior designer Miguel Reig decided to respect the structure and the distribution of spaces and to conserve the elements that referred to the rural nature of the house. However, the uses given to each room had to be redefined, with comfort and functionality as the main criteria. The communal areas were located in the vaulted rooms on the ground floor, the kitchen in the former barn and the dining room in an adjoining stable. At the other end of the ground floor, the stables were converted into a living room on two levels separated by a large stone arch. On the next floor a central room that already existed in the primitive dwelling was conserved and acts as a distributor giving access to the bedrooms. Next to it a winter room was created with the original large fireplace. To provide more natural lighting in the rooms located on the ground floor of the house, windows were opened in the facade without doing a great deal of damage. The vanilla colour on the walls provides warmth in some of the rooms and in others the gentle blues provide a sensation of coolness. For the floors, clay tiles were chosen, with the exception of the entrance where part of the floor was paved with cement incrusted with pebbles. This type of floor, which is so characteristic of country houses, is very practical for the entrance area. The old wooden furniture of oak and walnut contrasts with other furniture painted with bold colours, giving rise to an amusing combination in the decoration.

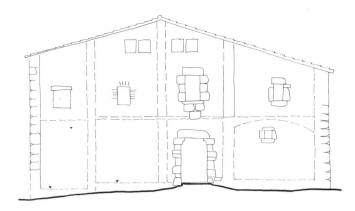

Main elevation / *Alzado principal*

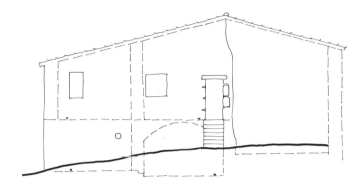

Rear elevation / *Alzado posterior*

En lo alto de una colina

Situada sobre una colina rodeada de campos de olivos, se encontraba esta antigua casa con vistas al mar Mediterráneo. La vivienda llevaba, sin embargo, largo tiempo abandonada y precisaba una profunda restauración. El respeto por la estructura y la distribución de los espacios, además de la conservación de los elementos que remitían al carácter rural de la casa, fue uno de los principios escogidos por el interiorista Miguel Reig para su rehabilitación. Con todo, debían redefinirse los usos que iban a darse a cada una de las estancias y, por otra parte, la comodidad y la funcionalidad iban a ser otros de los criterios a seguir. En las estancias abovedadas de la planta baja, se ubicaron las zonas comunes. Así, la cocina pasó a ocupar lo que antaño fue el pajar y en una cuadra contigua se situó el comedor. En el otro extremo de la planta baja, aprovechando también unas cuadras, se dispuso una sala de estar de dos niveles separados por un gran arco de piedra. En el siguiente nivel se mantuvo una sala central, ya existente en la vivienda primitiva, que actúa de distribuidor para acceder a las habitaciones de la casa. Junto a ella se encuentra el antiguo hogar presidido por una chimenea de grandes dimensiones y que ha sido habilitado como sala de invierno. Para conseguir más luz natural en las estancias ubicadas en la planta baja de la casa, se abrieron ventanas en la fachada procurando no dañarla en demasía. La calidez del color vainilla se expande por las paredes de algunas de las habitaciones y en otras predomina la sensación de frescor gracias al suave azulete que reviste sus muros. Para los suelos se han elegido baldosas de barro cocido, a excepción de la entrada donde parte del suelo se pavimentó con cemento sobre el que se incrustaron piedras de río. Este pavimento tan característico de las casas de campo resulta muy práctico ya que hace las veces de alfombrilla. Los muebles antiguos de madera de roble y de nogal contrastan con otros muebles pintados con atrevidos colores dando órigen a una divertida combinación en la decoración.

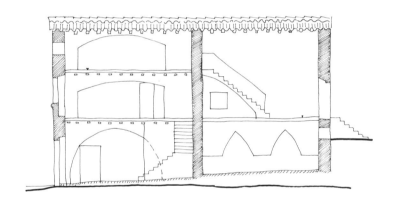

North section / *Sección norte*

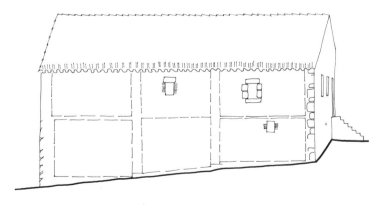

North side elevation / *Alzado lateral norte*

The dwelling required major restoration work because it had been long abandoned at the time of purchase. The conservation of the rustic elements of the dwelling was one of the premises of its rehabilitation. The old fireplace was one of the rural elements that was recovered to preside over a cosy winter room.

Las obras de restauración de la vivienda fueron importantes ya que, cuando se adquirió, la casa estaba en estado de abandono. La conservación de los elementos rústicos de la vivienda fue una de las premisas de su rehabilitación. Así, el antiguo hogar fue uno de estos elementos con sabor rural recuperados para presidir, en este caso, una agradable sala de invierno.

The whole house was paved with clay tiles, with the exception of the reception area which was paved with cement incrusted with pebbles. In this area of transit exposed stone was left on the walls, giving the dwelling a more rural character.

Toda la casa ha sido pavimentada con baldosas de barro cocido, a excepción de parte del recibidor donde se han elaborado unas originales alfombras de cemento sobre las que se han incrustado piedras de río. En esta zona de paso se ha dejado la piedra vista en las paredes que da un aire más rural a la vivienda.

The kitchen, located in an old barn, has a direct exit to the garden that also provides the whole room with natural lighting. The blue of its walls and the white painted wooden beams of the ceiling transform it into a bright, cool area. On the opposite page, a view of two of the vaulted rooms on the ground floor, where the stables had been located. In the dining room the vault was left unpainted, reinforcing the rustic character of the room. In the living room, an opening was made in the facade to provide more natural light, which is reinforced by the ochre on the walls and on the vaulted roof.

La cocina, ubicada en un antiguo pajar, tiene una salida directa al jardín que, además, ilumina con luz natural toda la estancia. El azulete de sus paredes y el blanco con el que se han pintado las vigas de madera de su techo la convierten en una zona clara y fresca. En la otra página, vista de dos de las salas abovedadas de la planta baja, donde antes se encontraban las cuadras. En el comedor se ha mantenido la bóveda sin pintar, potenciando el sabor rústico de la estancia. En la sala de estar, se practicó una abertura en la fachada sin estropear la estructura para proporcionar más luz natural algo a lo que también ayuda el encalado blanco del techo abovedado.

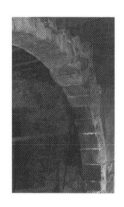

The dark colours of the oak or walnut furniture purchased in antique dealers contrast with, and are complemented by, other decorative elements painted with brighter and bolder colours such as blue. In the bathrooms rustic tiles and wash-basins were used to match the rural tone and context of the dwelling. The original spatial distribution of two floors plus a loft was conserved.

Los colores oscuros de los muebles de roble o nogal adquiridos en anticuarios contrastan y se complementan con la claridad de otros elementos decorativos pintados con colores más desenfadados y atrevidos, como el azul. En los baños se han utilizado baldosas y lavamanos de cerámica rústica entonando con el sabor rural de toda la vivienda y su contexto. La casa, de dos plantas más un desván, ha mantenido su distribución espacial primitiva.

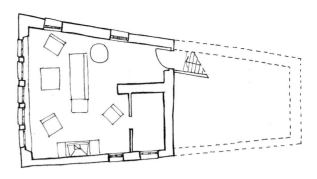

Loft / *Planta desván*

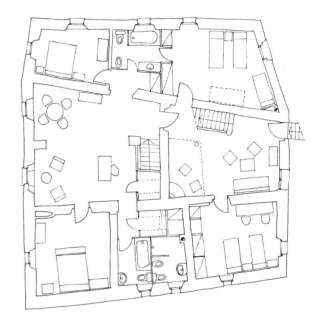

First floor / *Primera planta*

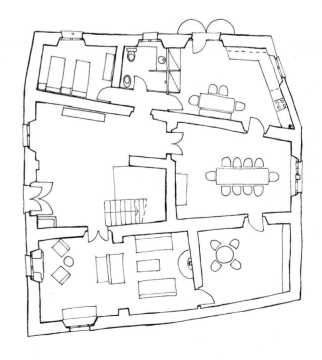

Ground floor / *Planta baja*

A Mediterranean village house

In the restoration of this 17th century building, originally designed as two dwellings, the architects took as a starting point the rural environment. One of the dwellings, with a floor area of 370 square meters, was used for the permanent residence of its owners. The demolitions of partitions and false ceilings freed large spaces for the new rooms of the dwelling. On the ground floor there is a reception room, the guest room and a storage room. A large living room, the kitchen and a seond bedroom are located on the first floor. The living room on the first floor required the greatest amount of restoration work to create a large bright space presided over by three large windows in the form of a semicircular arch that provide the characteristic Mediterranean light. The top floor houses the main bedroom and the bathroom, another living room and the library.

Warm neutral colours are predominant on the walls, accentuating the brightness of the rooms, although the blue of the main bathroom and the Tuscan pink of the kitchen are bold references to the rural atmosphere of the house. Where possible, the original floors were maintained, and in the other cases clay tiles similar to the original ones were used. The rural world is present in the whole house through its decoration, characterised mainly by the surp-rising recycling of agricultural implements and other elements characteristic of the country. Farm tools, cages, earthenware, and carved stone are used for multiple purposes.

The care that was taken inside the dwelling finds its parallel on the exterior. The walls of the main facade, treated with lime and natural earth-coloured pigments, are complemented by the green vegetation and the wooden frames of some of the openings of the facade.

Sabor mediterráneo

La reforma de este edificio, proyectado originalmente en dos viviendas, se planteó tomando como punto de partida el entorno rural donde se hallaba ubicada esta casa del siglo XVII. Una de las viviendas, con 370 metros cuadrados útiles, se destinó a la actual residencia permanente de sus propietarios. El derribo de tabiques y techos falsos liberó amplios espacios que dieron origen a las nuevas estancias de la vivienda. En la planta baja se encuentran el recibidor, la habitación de los invitados y un cuarto trastero. Un amplio salón, la cocina y un segundo dormitorio se ubican en la primera planta. La habilitación del salón del primer piso requirió la reforma más importante de la casa, al proyectarse un amplio y luminoso espacio presidido por tres grandes ventanales en forma de arco de medio punto traspasados por la luz tan característica del mediterráneo. La última planta reparte sus metros entre el dormitorio principal y el cuarto de baño, otro salón y la biblioteca.

Los colores neutros y cálidos predominan en las paredes, acentuando la luminosidad de las estancias, aunque no por ello dejen de ser atrevidos y se remitan al aire rural de la residencia, como es el caso del azulete del cuarto de baño principal o del rosa toscano de la cocina. En los suelos donde ha sido posible, se ha mantenido el pavimento original de la casa y en los otros casos se han utilizado baldosas de barro semejantes a las primitivas. El mundo rural está presente en toda la casa a través de su decoración, caracterizada principalmente por el sorprendente reciclaje de numerosos útiles de trabajo agrícola y otros elementos propios del campo. De esta forma, aperos de labranza, jaulas, cacharrería de loza, e incluso piedras trabajadas son reaprovechados para múltiples usos.

El cuidado puesto en el interior de la vivienda tiene su paralelo en el exterior. Los muros de la fachada principal, tratados con cal y pigmentos naturales de tonos tierra, se complementan con el verde de la vegetación y los marcos de madera de algunas de las aberturas de la fachada.

The porch of the garden was covered with canes and projects striped shadows on the pleasant living area. On this page, a view of the kitchen and dining room. The old furniture is complemented by the Tuscan pink of the walls and the dark green of the kitchen cupboards. Above, details of the many decorative elements that were recycled from agricultural implements.

El porche del jardín ha sido cubierto con cañizo, techo que proyecta sombras rayadas sobre la agradable zona de estar. En esta página, vista de la cocina y el comedor. Además de los muebles antiguos, destacan el rosa toscano de sus paredes y el verde oscuro de los armarios de cocina. Sobre estas líneas, detalles de los numerosos elementos decorativos reciclados a partir de útiles de trabajo agrícola.

On the previous page, a view of the staircase of two of the living rooms. The living room on the first floor required the greatest amount of restoration. To illuminate it with natural light, three large windows were opened in the form of a semicircular arch. The sloping ceiling with exposed wooden beams was painted off-white to accentuate the brightness of the room. Old furniture with a rural character is distributed over the whole house.

En la página anterior, vista desde la escalera de dos de los salones de la casa. La habilitación del salón de la primera planta requirió la obra de mayor envergadura. Para iluminarlo con luz natural, se abrieron tres grandes ventanales en forma de arco de medio punto. El techo inclinado con vigas de madera vista se mantuvo pintándolo con un color crudo que acentúa la luminosidad de la estancia. Muebles antiguos con sabor rural se reparten por toda la casa.

The top floor houses the main bedroom with its bathroom (following page) and the library with its glass-fronted bookcase for the more valuable books. Two curtains give access to the main bathroom, which is painted light blue. In the main bedroom a door is used as the headboard and a wooden trunk is located at the foot of the bed. Left, another of the bedrooms of the dwelling with an old wrought-iron bed.

En la última planta se encuentran el dormitorio principal con su cuarto de baño (página siguiente) y la biblioteca. En ésta última destaca la librería acristalada donde se guardan los libros de más valor. Dos cortinas dan acceso al cuarto de baño principal pintado con un suave azulete. En el dormitorio principal llaman la atención la puerta utilizada como cabezal de la cama y el baúl de madera ubicado a sus pies. Junto a estas líneas, otro de los dormitorios de la vivienda con una antigua cama de hierro forjado.

A refuge near the sea

A few metres from a long sandy Mediterranean beach, this old stone house has been converted into a comfortable three-storey dwelling. It was formerly a farmhouse that was also occupied by the animals, and after a long period of disuse it has been converted into a fully-fitted home that is a delight for anyone wishing to stay in a large house with a touch of history and a large garden in a highly appreciated area near the sea.

Restoring the arched structure that serves as a porch and supports the large balcony was one of the main achievements of the conversion. Although the original structure and layout were respected, some partitions were created, such as the one separating the kitchen from the dining room, and new windows and doors were opened to provide natural lighting in the former cowshed that has been converted into the kitchen, dining room and living room opening onto the garden.

The kitchen gives access to a paved area at the side of the house next to the garage that is sheltered from the wind.

The first floor houses three bedrooms with their corresponding bathrooms, all with a bathtub. One of these bedrooms gives onto a balcony with views of the garden. On the second floor it was decided to create a large winter room and a large double bedroom with a complete bathroom located at the other end of the floor. The rendered walls of all the rooms, with the exception of the exposed stones framing the doors, create a bright, calm atmosphere conducive to relaxation.

Un refugio en el mar

A pocos metros de una larga playa mediterránea de arena, esta antigua casa de labor donde los animales eran también sus inquilinos, se ha reconvertido en una confortable y lujosa vivienda de tres plantas. Después de un largo período de abandono y tras un gran esfuerzo en su habilitación, esta construcción se ha reconvertido en un equipado hogar que con el paso del tiempo ha resultado ser toda una tentación para aquellos que desean tener una casa amplia con sabor a siglos, un extenso jardín y en una zona altamente apreciada tanto por su entorno como por su proximidad al mar.

Acondicionar la estructura porticada que sirve de porche y que sustenta el amplio balcón fue uno de los logros principales a la hora de reestructurar la vivienda. Si bien se ha respetado la estructura y la distribución originarias, la creación de algún tabique, como el que separa la cocina del comedor, así como la creación de nuevas ventanas y puertas han permitido llenar de luz las antiguas cuadras convertidas ahora en cocina, comedor y salón que quedan abiertos al jardín. La salida desde la cocina se ha realizado por el lateral y se accede a una zona del jardín pavimentada y refugiada del viento al limitar con el muro lateral de la casa y con el garaje. En la primera planta se encuentran tres habitaciones con sus correspondientes baños todos ellos equipados con bañera y todo tipo de detalles que hacen más cómoda la estancia. Uno de estos dormitorios dispone de salida al balcón con vistas sobre el jardín. En la segunda planta se planteó crear un amplio salón de invierno además de una enorme habitación doble con baño completo situada en el otro extremo del piso. El revocado interior de todas las dependencias excluyendo el de aquellas piedras que enmarcan las puertas preexistentes ayuda a conseguir claridad y serenidad a esta casa que invita a la relajación.

On the previous page, when one enters this dwelling an immense reception room with an arched ceiling invites one to go through a stone-framed doorway leading to the summer room. On this page, the ground floor plan.

En la página anterior, nada más adentrarse en esta vivienda un inmenso recibidor de techo abovedado nos invita a cruzar una puerta con piedra vista a su alrededor que conduce la sala de verano. En esta página, distribución de la planta baja.

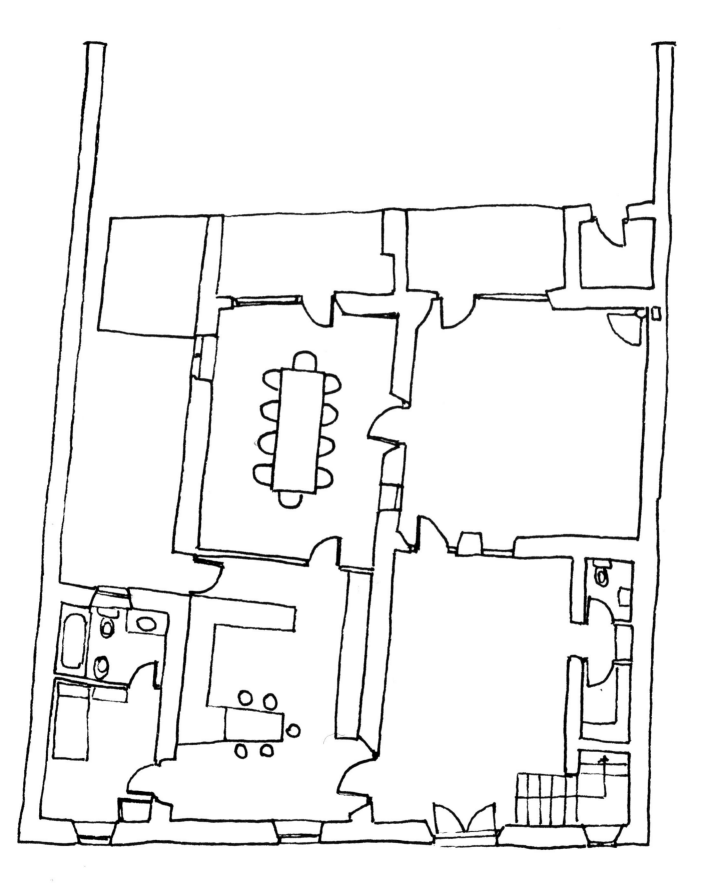

Ground floor / *Planta baja*

On this page, the plan of the bedrooms on the first floor. On the following page, a detail of the house at the time of its restoration and views of the winter living room located on the second floor.

En esta página, distribución de los dormitorios de la primera planta. En la página siguiente, detalle de la casa en el momento de su restauración y vistas del salón de invierno situado en la segunda planta.

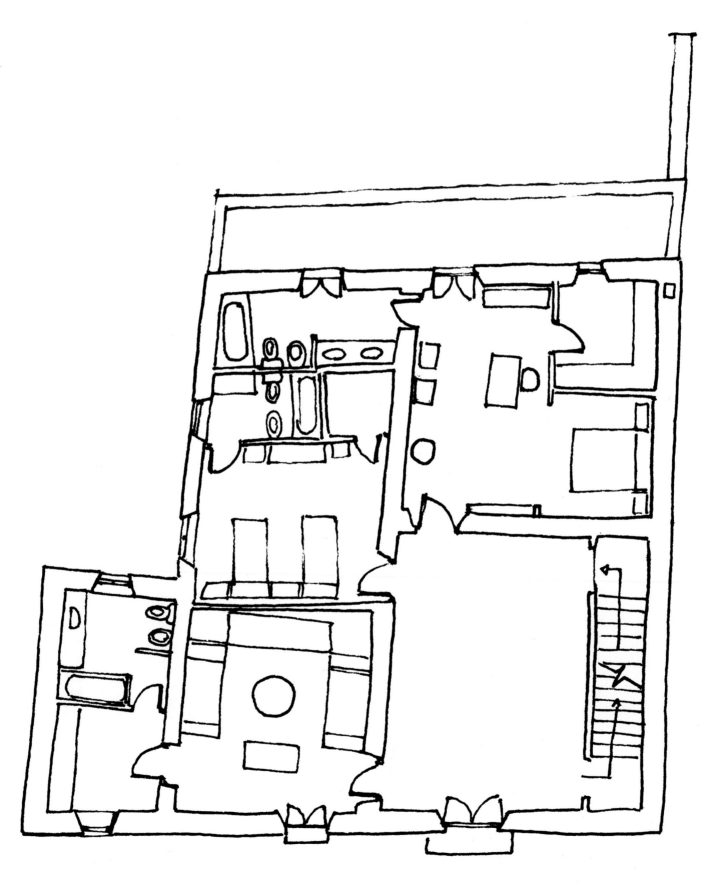

First floor / *Primera planta*

On the previous page, the light gained thanks to the new doors and windows creates a pleasant atmosphere in the dining room. On this page, the plan of the second floor.

En la página anterior, la luz ganada con las nuevas puertas y ventanas resulta altamente confortable en el comedor. En esta página, plano de la planta segunda.

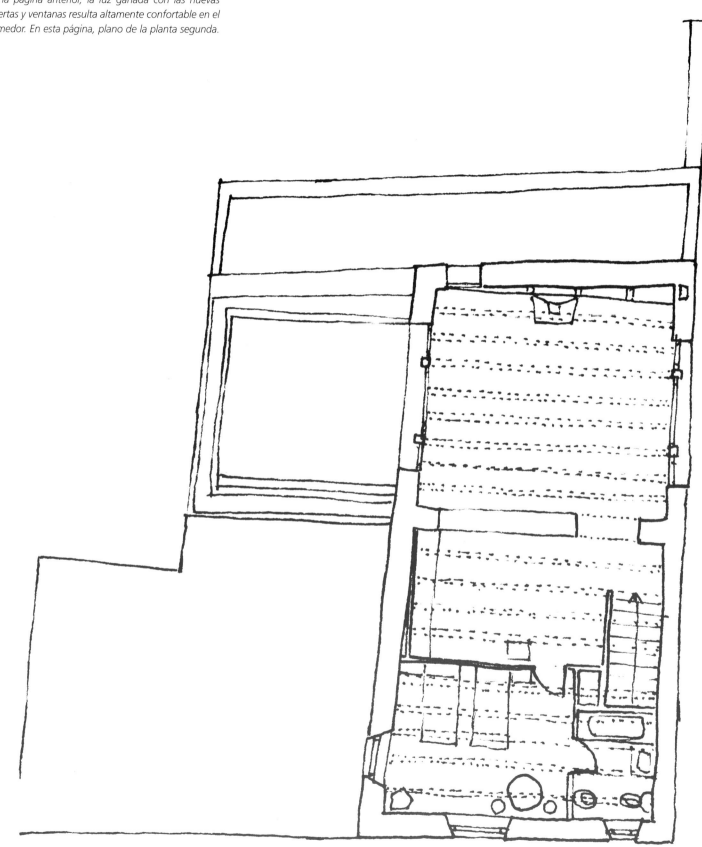

Second floor / *Segunda planta*

On the opposite page, views of the summer room during and after its restoration. On this page, the cool sobriety of the kitchen is tempered by the natural wood.

En la otra página, vistas de la sala de verano durante y tras su rehabilitación. En esta página, la cocina muestra su sobriedad con la madera como protagonista en contraposición a la frescura de la sala.

One of the requirements of the clients was to have spacious and fully-fitted bedrooms. On the following page, the bedroom on the second floor has a complete bathroom, large windows and a fireplace.

La abundancia en dormitorios espaciosos y muy equipados es una de las premisas de esta casa. En la página siguiente, el dormitorio de la segunda planta dispone, además de un completo baño, de grandes ventanas y chimenea.

An old rectory

This old recovered rectory next to a Romanesque church and the cemetery of the town was rehabilitated by a writer as a permanent home for living and working. The restoration of the house was carried out little by little and with great respect for the original structure.

Open spaces connected to each other are a constant on the ground floor of the dwelling, which houses the kitchen-dining room, a living room and other rooms. The absence of doors, even in the kitchen, provides a clear and spacious atmosphere that helps to mitigate the severity and darkness that characterises this type of house, particularly on the ground floor. In the living room and the bedroom located on the upper floor the windows give predominance to the landscape and the light. The attic was converted into a study, which is isolated from the rest of the house and enjoys privileged views of the surrounding landscape.

Stone and neutral colours were chosen for the walls of the house. On the ground floor the exposed stonework was maintained on the walls, though their rigidity is compensated by the white-painted ceiling with wooden beams. Stone is also present in the kitchen, but here its effect is combined with the stainless steel furniture.

Neutral colours such as off-white and cream were chosen for the upper floor, respecting the original colours of the house and reinforced the brightness of the rooms. The floors are paved with clay tiles treated with a first layer of ochre-coloured wax and a second layer of red wax. The furniture combines modern elements with old ones to achieve a comfortable atmosphere that is faithful to the rustic atmosphere of the house. Thus, the Isabelline bed, the old dressing table in the main bedroom and the rustic wooden table in the kitchen cohabit easily with modern and functional furniture such as the stainless steel work surface and stool in the kitchen.

Finally, the house has a pleasant garden that grows with carefully-controlled spontaneity. Access to the garden is through a pleasant porch, above which there is a terrace on the first floor. The openings to the exterior connect and integrate the dwelling with its environment.

Una antigua rectoría

Junto a una iglesia románica y el cementerio del pueblo se encuentra esta antigua rectoría recuperada y rehabilitada por una escritora como hogar permanente en el que vivir y trabajar. La restauración de la casa se llevó a cabo poco a poco y con un gran respeto por la estructura original.

Los espacios abiertos y conectados entre sí son una constante en la planta baja de la vivienda, donde se encuentran la cocina-comedor, una sala de estar y otras dependencias. La ausencia de puertas proporciona un ambiente despejado que ayuda a mitigar la oscuridad que caracteriza a este tipo de casas. En las estancias ubicadas en la planta superior, como el salón y el dormitorio, las ventanas convierten al paisaje y la luz en los protagonistas. En la buhardilla se ha habilitado el estudio que, además de encontrarse aislado del resto de la casa, disfruta de unas vistas privilegiadas del paisaje circundante.

La piedra y los colores neutros han sido los elegidos para las paredes de la casa. En la planta baja se mantiene la piedra vista de los muros aunque su rigidez se ve compensada por el blanco con el que se han pintado los techos de vigas de madera. En la cocina aparece también la piedra pero aquí comparte el protagonismo con el acero de su mobiliario. Para la planta superior se han elegido colores neutros y luminosos como el blanco roto y el crema, que respetan los ya existentes en la casa primitiva. Los suelos están pavimentados con baldosas de barro cocido tratadas con una primera capa de cera de color ocre y una segunda capa rojiza. El mobiliario combina piezas modernas con otras antiguas consiguiendo un ambiente fiel a la atmósfera rústica. De esta forma, la cama isabelina y un antiguo tocador del dormitorio, o la antigua mesa de madera de la cocina conviven sin problemas con muebles modernos y funcionales.

La casa disfruta, finalmente, de un agradable jardín al que se accede por un agradable porche sobre el que se sitúa la terraza.

On the opposite page, below, a view of the ground floor, where the absence of doors made it possible to connect all the rooms to each other, creating a single, open and transparent space. The walls on this floor conserve the exposed stonework, and their ceilings of wooden beams were painted white to make the room brighter and to increase the sensation of space. In the kitchen, the top picture and this page, stone is still a constant, now combined with the dark ochre of one of the walls and the stainless steel furniture.

En la otra página, abajo, vista de la planta baja donde la ausencia de puertas ha permitido conectar todas las estancias entre sí creando un único espacio abierto y diáfano. Las paredes de esta planta conservan la piedra vista y sus techos de vigas de madera han sido pintados de blanco para dar más luminosidad y sensación de espacio. En la cocina, foto superior y esta página, la piedra sigue siendo una constante, combinada esta vez con el oscuro ocre de una de sus paredes y el acero inoxidable de su mobiliario.

The upper floor was painted in a neutral colour faithful to that of the original house, which makes the rooms brighter. Clay tiles cover the floor of the whole house, providing a warm earth colour that is interrupted from time to time by carpets. Recycled and old furniture help to give a rustic touch in accordance with the origins of the house.

La planta superior ha sido pintada de un color neutro, fiel a la casa original, que da más luminosidad a las estancias. Baldosas de barro cubren el suelo de toda la casa proporcionando un cálido color tierra que se ve interrumpido de vez en cuando por las alfombras que visten algunos de los suelos. Muebles reciclados y antiguos ayudan a conseguir un sabor rústico acorde con el origen de la casa.

Sea views

Located next to a thick forest, this seventeenth century farmhouse was abandoned and in a pitiful state when it was acquired by its current owners. Besides the need to entirely restore a building in which few of the walls had been left standing, the transformation of this farmhouse with its outbuildings into a comfortable and functional home also involved an important challenge.

The spaces were redefined through the transformation of the stables located on the ground floor into a small office and a large living room giving onto a terrace. On the first floor the original location of the kitchen was maintained and a brightly-lit living room with access to another terrace was created. The two bedrooms on the top floor also followed the original distribution, but with the addition of a bathroom for each room.

The interior decoration of the house is dominated by the interplay of colours, upholstery and materials, also respecting the rustic elements that refer to the rural character of the building. The vaulted ceilings of the stables and other rooms were conserved and paint-ed white for better illumination. The architects also left the sloping ceilings of exposed wooden beams, as well as many details such as the small niche in the wall of the office that was restored and adapted as a bookshelf. The cheerful tone and colouring of the upholstery is complemented by the elegance and sobriety of the most important furniture, which was purchased from antique dealers. The Mediterranean light penetrates the rooms through large windows and the high ceilings favour the illumination of the interior. On the exterior, the kitchen garden of the farmhouse was converted into a double-height courtyard. The terrace, paved with clay tiles, is presided over by a fountain located in the centre at floor level that refreshes the atmosphere on summer days.

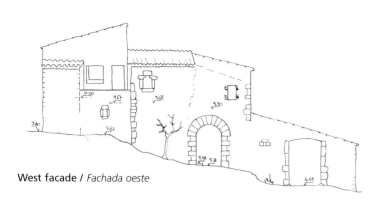

West facade / *Fachada oeste*

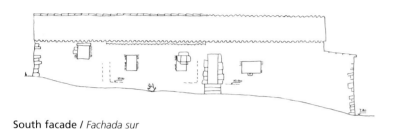

South facade / *Fachada sur*

Con vistas al mar

Ubicada junto a un frondoso bosque, esta masía del siglo XVII se encontraba abandonada y en un estado lamentable cuando fue adquirida por sus actuales dueños. Además de la necesidad de restaurar íntegramente una construcción donde pocas eran las paredes que se mantenían en pie, la transformación de esta casa de labor –con sus graneros, establos, cuadras, etc.– en un hogar confortable y funcional también suponía un importante desafío.

La redefinición de los espacios se materializó en la transformación de las cuadras, situadas en la planta baja, en un pequeño despacho y un amplio salón con salida a la terraza. En la primera planta se mantuvo la ubicación original de la cocina y se habilitó una luminosa sala de estar con acceso a otra terraza. Las dos habitaciones de la última planta obedecían también a la distribución original con la única adhesión de un cuarto de baño para cada estancia.

El juego de colores, telas y materiales protagoniza la decoración interior de la casa, respetando también los elementos rústicos que remiten al carácter rural de la construcción. Los techos abovedados de las cuadras y otras estancias siguen presentes en la casa, pintados de blanco para dar mayor luminosidad. También se mantienen los techos inclinados de vigas vistas de madera y numerosos detalles, como la pequeña hornacina perforada en la pared del despacho, que se ha restaurado y adaptado como librería. El tono alegre y el colorido de los tapizados y las telas se complementa con la elegancia y la sobriedad de los muebles más importantes, adquiridos en anticuarios. La luz mediterránea penetra en las estancias a través de amplios ventanales y los altos techos favorecen la luminosidad del interior. En el exterior, el antiguo huerto de la casa de labor se reconvirtió en un patio de dos alturas. La terraza, pavimentada con piezas de barro, está presidida por una fuente ubicada en el centro y a ras de suelo que refresca el ambiente de los días veraniegos.

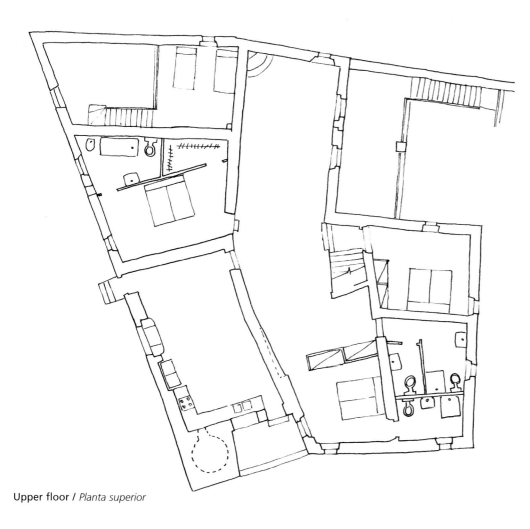

On the previous page, the entrance, the office and a living room giving onto the terrace occupy the former stables. The architects conserved the original vaulted ceiling and painted it white to give the rooms greater brightness. At the entrance the stone staircases give access to the upper level and the floor is paved with cement tinted with iron oxide. On this page, diagrams of the ground floor and the first floor before and after the restoration. The distrib-ution of the spaces respected the structure of the original house.

En la página anterior, la entrada, el despacho y una sala de estar con salida a la terraza ocupan lo que antaño fueron las cuadras. Se ha mantenido el techo abovedado original pintado de blanco para dar mayor luminosidad a las estancias. En la entrada destacan las escaleras de piedra que dan acceso al nivel superior y el suelo, pavimentado con una capa de cemento teñida con óxido de hierro. En esta página, esquemas de la planta baja y el primer nivel después de la restauración. La distribución de los espacios respetó la estructura de la casa original.

Upper floor / *Planta superior*

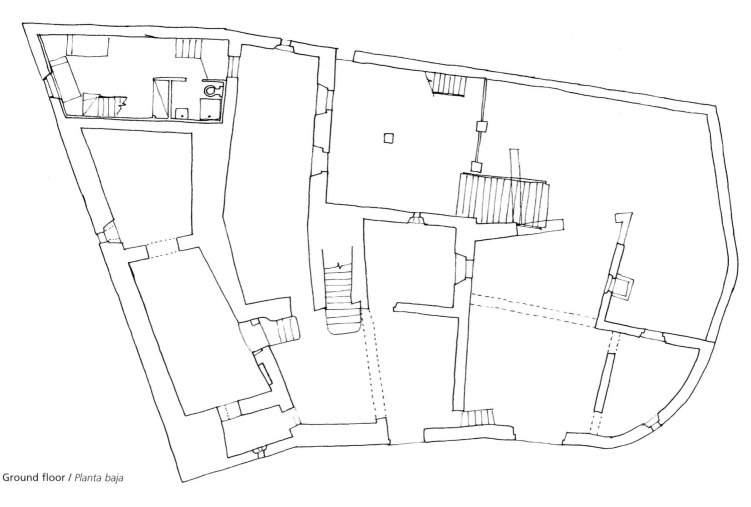

Ground floor / *Planta baja*

On this page, views of the living room located on the first floor. The three windows built in the shape of an arch provide ample natural lighting. Sky blue was chosen for this area to contrast with the brown of the furniture and the exposed wooden beams of the sloping ceiling. On the following page, the kitchen-dining room located in the same place as the original kitchen.

En esta página, vista de la sala de estar ubicada en el primer nivel. Las tres ventanas construidas en forma de arco permiten que la luz inunde toda la estancia. Un azul celeste ha sido el color elegido para esta zona junto al marrón del mobiliario y las vigas de madera vista de su techo inclinado. En la página siguiente, la cocina-comedor ubicada en el mismo sitio donde se encontraba la cocina original.

In the kitchen a gentle salmon and white combine with the earth colour of the clay tiles and the wooden furniture, giving this area a warm atmosphere. Two windows and an exit to the exterior give this room ample natural lighting.

Para la cocina se ha elegido un suave tono salmón y el blanco que, combinados con el color tierra de las baldosas de barro y la madera del mobiliario, proporcionan una agradable calidez a esta zona. La luminosidad es otra de las características de esta dependencia, con dos ventanas y una salida al exterior.

The immaculate white is the most outstanding characteristic of this bathroom, giving it a special brightness and reinforcing the space. The old vault with a cane structure was conserved and whitewashed. As a touch of colour, the bathtub and the lattice of the cupboard are navy blue.

Un blanco inmaculado es la característica más destacada de este baño proporcionándole una claridad especial y potenciando al máximo su espacio. La antigua bóveda de estructura de cañas se ha conservado blanqueándola a la cal. Como toque de color, destaca el azul marino de la bañera y el de la celosía del armario del lavabo.

The warm atmosphere of the bedrooms was created by combining the salmon colour of the walls, the earth colours of the floor and the exposed wood of the ceiling beams. The furniture, purchased from antique dealers, gives a touch of elegance to the rooms.

La agradable calidez de los dormitorios se ha conseguido por la combinación del color salmón de sus paredes, los tonos tierra del suelo y la madera vista de las vigas del techo. Los muebles, adquiridos en anticuarios, le dan un toque de elegancia a las dependencias.

Old and new

This beautiful house surrounded by a mature garden has undergone several transformations due to the different uses to which it has been put and the different owners it has had. When it came into the hands of the current owners, it had already been extended but without achieving the open spaces that are so popular in country properties. A completely new wing was attached to the house in such a way that it was imperceptible from the exterior. Traditional materials were therefore used: stone for the walls and beams and tiles for the ceiling and roof. In the interior, however, the flat ceiling of the living room and kitchen reveals that the rooms have been built recently. No attempt is made to hide this modernity in the interior, as is shown by the bold decor, the zig-zag metal staircase and the abundance of right angles.

The existing rooms were redistributed to take advantage of the space gained in the new area. Thus, the former kitchen was transformed into a hall that communicates the two areas. The pantry became a small toilet. This left space for a cool living room and for a large bedroom with toilet. The main bedroom was reserved for the new area, just above the living room that gives onto the garden. Space, good natural lighting and comfort were the basic requirements for resting the body and the mind. This is undoubtedly helped by the large garden with tall trees that are reflected in a perfectly integrated pool.

Tradición y diseño

Tras recibir diferentes usos y pasar por manos de diversos propietarios esta preciosa casa, rodeada por un frondoso jardín, ha sufrido varias transformaciones a lo largo de su historia. Cuando llegó a manos de los actuales dueños, la vivienda había sido ya ampliada pero sin llegar a conseguir los espacios abiertos que tanto se anhelan en el campo. La construcción de un área totalmente nueva, adosada y unida a la casa se hizo tratando de que ésta pasara desapercibida exteriormente para no perjudicar el estilo antiguo de esta agradable zona rural mediterránea. Para ello se tuvo que trabajar con los materiales de siempre: piedra para los muros y vigas y tejas para el techo y el tejado. Sin embargo en el interior los techos planos de la sala y de la cocina revelan que se tratan de las estancias de reciente construcción. Pero no hubo ningún intento de ocultar esta modernidad en el interior: la atrevida decoración, la presencia de una obra de arte contemporánea en la sala de estar, la escalera metálica en zig-zag o la abundancia de ángulos rectos y elementos actuales son una buena muestra del intento de combinar sin prejuicios lo nuevo con lo viejo. En las zonas ya construidas se hizo una redistribución de las habitaciones aprovechando el espacio ganado en la parte adosada de reciente creación. De esta manera, lo que anteriormente fue la cocina se tranformó en un cómodo recibidor que comunica las dos zonas. Por otro lado, la despensa se rehabilitó y acondicionó para convertirla en un pequeño aseo auxiliar. Así además quedó en esta planta baja espacio para una sala fresca y para una gran habitación con baño, sin duda la zona preferida para soportar los calores estivales. El dormitorio principal se reservó para la zona nueva, justo encima de la sala que se abre al jardín. La amplitud, la luminosidad y el confort eran los requisitos básicos para poder descansar tanto el cuerpo como la mente. Algo a lo que sin duda también contribuye el inmenso jardín con altos árboles que se reflejan en una piscina perfectamente integrada en el conjunto de la vivienda.

On this page, a view of the terrace, a table and a sort of chairs create a pleasant living area that is well-ventilated on hot summer days. The stone walls and windows are the main decorative elements. On the opposite page, views of the living room. The furniture forms an essential part of spaces.

En esta página , una vista de la terraza cuyas sillas y mesa dan ventilación en los calurosos días veraniegos. Las paredes de piedra y las ventanas son los principales elementos decorativos. En la página siguiente, vistas de la sala de estar. En ella, el mobiliario resulta ser una de las partes esenciales de los espacios.

On this pages views of the warm living room, the dining room and the kitchen. The kitchen, with access to the exterior, has modern and functional furniture. The architectural elements of the house, such as the staircase and the windows, are accentuated and form part of the decoration.

En estas páginas vistas de la sala de estar, el comedor y la cocina. La cocina, con acceso al exterior, posee mobiliario moderno y funcional. Los elementos arquitectónicos de la casa, como las escaleras y las ventanas, acentúan y decoran.

Spaces were painted soft colour to make rooms brighter and to increase the sensation of space including only the carefully chosen elements that are strictly necessary.

Los espacios se pintaron de colores suaves para dar brillo a las habitaciones y aumentar la sensación de espaciosidad incluyendo sólo elementos que fuesen estrictamente necesarios.

On this page page, views of the large bedrooms.
In the main bedroom the fireplace was conserved.

En esta página, vistas de los dormitorios. En el dormitorio principal se mantuvo la chimenea.

Natural pigments

The conservation of the original identity of this country house was the main requirement that the architect Gerard García-Ventosa considered in his restoration. The building was composed of a main volume with a ground floor and first floor and a secondary volume, formerly a barn, located behind the main building. The walls were made of stone and the main building had a pitched roof supported on wooden beams. The restoration attempted to maintain the or-iginal structure of the house and the redistribution of spaces was limited to what was strictly necessary to rehabilitate the dwelling without losing its original character.

The ground floor contains the hall, the summer living room, the cellar, an office-room and an area for guests with bedroom and bathroom. As it is open to the garden and is protected from the sunlight cast on the roof, the access area, auxiliary spaces and rooms linked to the summer period were located on this floor.

A large porch communicates with the garden and with the large glazed surface of the secondary volume.

As one enters the house, a staircase rises from the hall to the upper floor, where it was necessary to modify the original layout to house the main spaces of the dwelling: the kitchen-dining room, the winter living room, four bedrooms, two bathrooms and a large terrace. The structure of the walls of the building defined three unmodifiable spaces on this floor; however, some partitions were demolished and openings were made in others to obtain the necessary spaces. On the ground floor and the upper floor small openings were made in the facade to facilitate ventilation and natural lighting inside the dwelling.

On the exterior, from the gravelled courtyard that gives access to the house, one sees the large rendered facade that conserves its original appearance. The upper floor also gives access to a pleasant exterior space: a covered terrace becomes a pleasant living area on hot summer days.

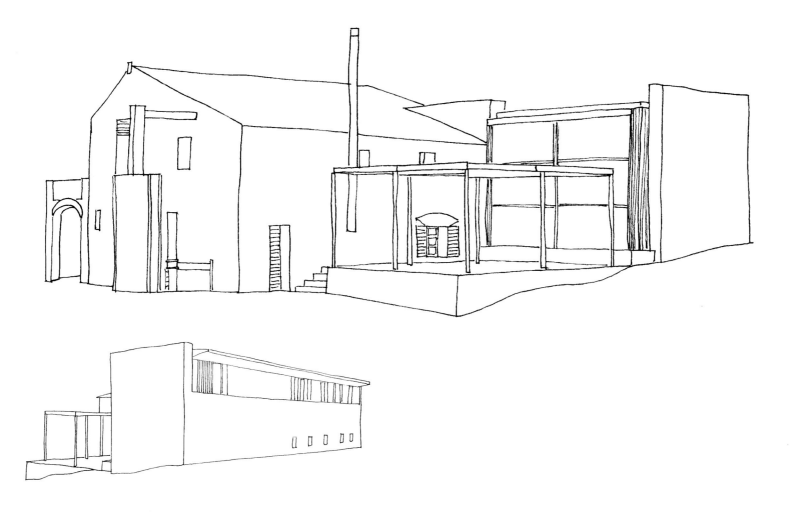

Pigmentos naturales

La conservación del auténtico sello característico con el que fue concebida esta casa de campo fue el requisito principal que se planteó el arquitecto Gerard García-Ventosa en su restauración. El edificio estaba configurado por un volumen principal con planta baja y primer piso y un volumen secundario, antaño un pajar, ubicado detrás de la construcción principal. La redistribución de los espacios fue la estrictamente necesaria para rehabilitar la vivienda sin perder su sabor original.

En la planta baja se encuentran el vestíbulo, la sala de estar de verano, la bodega, una habitación-despacho y una zona para invitados con alcoba y baño. Al estar abierta al jardín, en esta planta se han ubicado la zona de acceso y las estancias vinculadas a la época estival. Uno de los aspectos destacables es el gran porche que comunica con el jardín y con el volumen secundario a través de una cristalera. Nada más entrar, una escalera da paso a la planta superior donde sí fue necesario modificar la distribución original para ubicar en ella los espacios principales de la vivienda: cocina-comedor, sala de estar de invierno, cuatro dormitorios, dos baños y una amplia terraza. La estructura de los muros del edificio definía en este piso tres espacios inmodificables, partiendo de esta distribución, sin embargo, se derribaron algunos tabiques y se practicaron aberturas en otros para conseguir los nuevos espacios. Tanto en la planta baja como en el piso superior se realizaron pequeñas aberturas en la fachada para facilitar la ventilación y el acceso de luz natural al interior de la vivienda.

Ya en el exterior, desde el patio cubierto de grava que da acceso a la casa, destaca la gran fachada, ahora revocada aunque sigue manteniendo su sabor original. También en la planta superior se puede acceder a un agradable espacio exterior: una terraza cubierta se convierte en agradable zona de estar en los calurosos días veraniegos.

On this page, views of the hall and the cellar separated by a column, featuring the original arched ceiling built with clay tiles. On the opposite page, the ground plans of the building. The hall, the summer living room, the cellar, a study and an area for guests are located on the ground floor. The kitchen-dining room, the winter living room, four bedrooms, two bathrooms and a large terrace are located on the upper floor.

En esta página, vistas del recibidor y la bodega separados por una columna. Destaca el techo abovedado original construido con piezas de barro cocido. En la otra página, plantas del edificio. En la planta baja se encuentran el vestíbulo, la sala de estar de verano, la bodega, una habitación-despacho y una zona para invitados. En la planta superior se ubicó la cocina-comedor, la sala de estar de invierno, cuatro dormitorios dos baños y una amplia terraza.

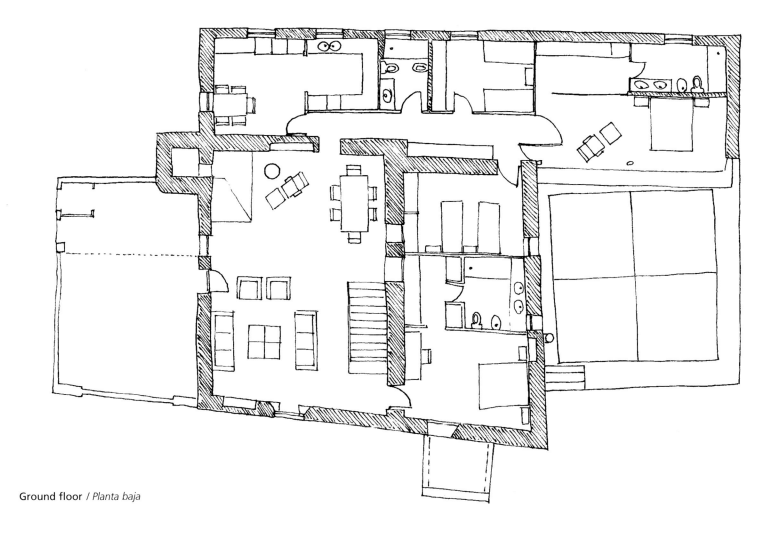

Ground floor / *Planta baja*

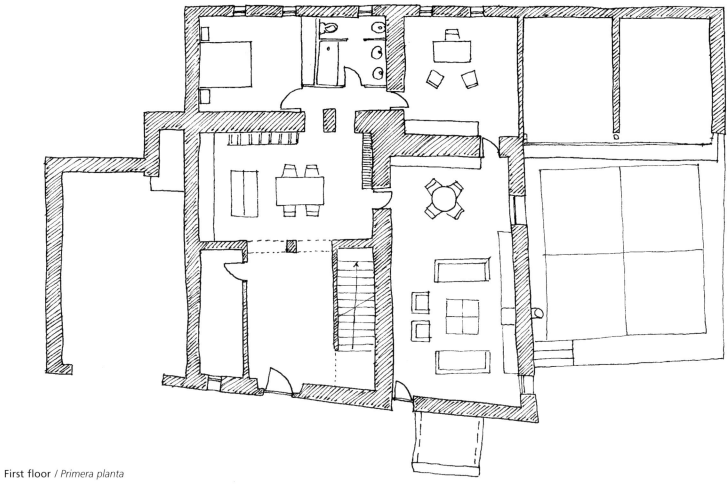

First floor / *Primera planta*

63

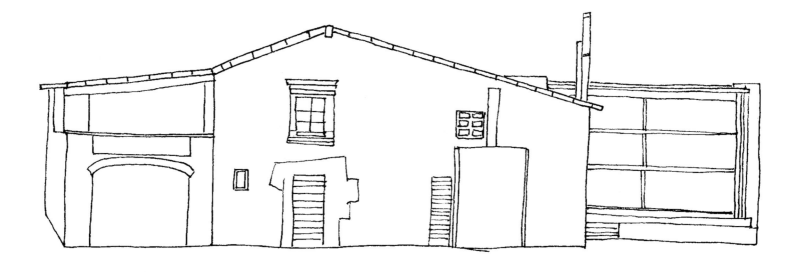

Front elevation / *Alzado frontal*

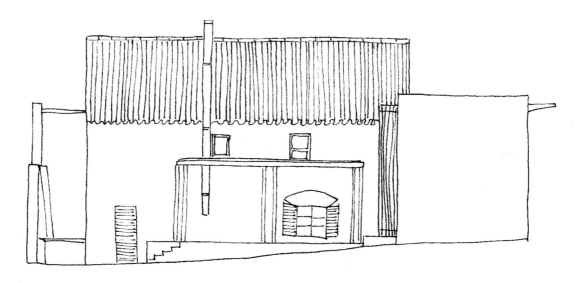

Side elevation / *Alzado lateral*

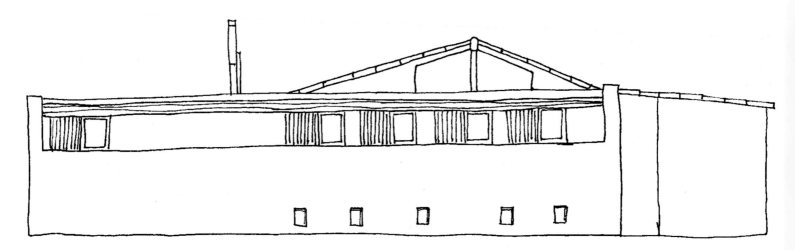

Rear elevation / *Alzado posterior*

On the opposite page, we see three elevations of the building showing the contrast between the two volumes of the dwelling. On this page, above, a view of the living area on the lower floor, occupied mainly in summer because it is protected from the sunlight and is therefore one of the coolest rooms. On the right, a detail of the main living room.

En la otra página, vemos tres alzados del edificio en los que se aprecia el contraste entre los dos volúmenes que constituyen la vivienda. En esta página arriba, vista de la sala de la planta inferior, ocupada sobre todo en los días estivales ya que, al estar resguardada de la radiación solar, resulta ser una de las estancias más frescas. A la derecha, detalle de la sala principal.

On the upper floor it was necessary to redistribute the spaces to adapt them to the needs of the dwelling. On this page, above, a view of the kitchen-dining room. The kitchen is spacious and functional and is located next to the living-dining room. Below, a view of the living-dining room. The space now occupied by the living area was the kitchen of the original house. The light ochre of the walls combines with the reddish tone of the clay floor tiles.

En la planta superior sí fue necesario redistribuir los espacios para adaptarlos a las necesidades de la vivienda. En esta página, arriba, vista de la cocina-comedor. La cocina es espaciosa y funcional y está ubicada junto al salón comedor. Abajo, vistas del salón comedor. El espacio que ahora ocupa la sala en la casa original era la cocina. Destaca el ocre templado de las paredes combinado con el tono rojizo de las baldosas de barro del suelo.

The old furniture gives warmth to the whole house. A beautiful modernist door and an old oxen yoke are used as headboards. The blue mosaic in the bathroom gives a cool appearance to this area of the house.

Los muebles antiguos proporcionan calidez a toda la casa. Cabe destacar la reutilización de una bella puerta modernista y una antigua yunta como cabezales de cama. El color azul es utilizado en el lavabo dando un aire fresco a esta zona de este hogar.

A touch of nobility

Surrounded by a large garden, this spectacular architectural complex is composed of two old farmhouses joined to each other. The redistribution of spaces was one of the main challenges to achieve a unitary whole, whilst conserving the duplicity of the dwellings.

In the first house, the space of the ground floor is divided between a large living room, a dining room and a kitchen. In the living room, divided into two areas, a large entrance door was converted into a window. The large arch of the old door not only allows light into the living room but also provides spectacular views. The upper floor houses two suites with bathrooms that open onto a large covered terrace. The second house has four more bedrooms and three bathrooms, a living room with a library and a large kitchen with a fireplace. A large corridor was rehabilitated as a dining room to communicate the two dwellings to each other subtly and without abrupt changes.

Warm bright colours were predominantly used on the walls of the dwelling. These are supplemented with the reddish earth colours of the clay tiles that pave the floor. The upholstery of the sofas, the tiles of the staircases and bathrooms and the paintings that are hung in most of the rooms provide colouring and additional forms that give life to the different spaces of the house. Classical and antique furniture helps to create a warm and welcoming atmosphere.

From the large garden covered with grass and presided over by a large swimming pool, the exposed stonework of the facade gives the house a more rustic character. The curved lines of one of the porches and of the door converted into a window contrasts in perfect harmony with the vertical nature of other porticoed elements on the exterior.

Un toque de elegancia

Rodeado de un inmenso jardín se encuentra este espectacular conjunto arquitectónico formado por dos masías antiguas unidas entre sí. La redistribución de algunos espacios supuso uno de los principales retos para conseguir un conjunto unitario a pesar de que, en parte, la duplicidad de viviendas persistió.

En la primera casa, los metros de la planta baja se reparten entre un gran salón, un comedor y una cocina. En el salón, dividido en dos ambientes, se encuentra una gran puerta de entrada reconvertida en ventana. El gran arco de la antigua puerta no sólo deja pasar la luz en la estancia sino que también permite observar de forma privilegiada las espectaculares vistas que se divisan desde el salón. En la planta superior se encuentran dos suites con sendos cuartos de baño y su salida a una amplia terraza cubierta. La segunda casa dispone de cuatro dormitorios más y tres cuartos de baño, una sala de estar con biblioteca y una gran cocina con chimenea. Un pasillo de amplias dimensiones se ha rehabilitado como comedor para comunicar las dos viviendas entre sí de forma sutil y sin cambios bruscos. Colores cálidos e intensos son los predominantes en las paredes de la vivienda. Éstos se complementan con el tono tierra, a veces rojizo, de las baldosas de barro que pavimentan el suelo. La tapicería de los sofás, los azulejos de escaleras y baños, y los cuadros que se encuentran en la mayoría de las estancias proporcionan un colorido y unas formas adicionales que dan vida a los distintos espacios de la casa. Muebles de corte clásico y de anticuario ayudan a crear un ambiente cálido y acogedor.

Desde el inmenso jardín cubierto de césped y presidido por una gran piscina, se erige el conjunto arquitectónico del que destaca la piedra de la fachada a la vista, dándole un sabor más rústico, si cabe, a la vivienda. Las líneas curvas de uno de los porches y de la puerta reconvertida en ventana contrastan en perfecta armonía con la verticalidad de otros elementos porticados del exterior.

The curved lines of the arches are present in the whole house. The photograph on the right shows a view of the porch that forms a pleasant and cool living area on the summer days characteristic of the Mediterranean. Below, the large door transformed into a window that offers spectacular views from the living room. Above, a detail of one of the original windows of the house that provides a reference to its past. On the right page, views of the different spaces that were converted into living rooms, where the upholstery of the sofas and the paintings contribute vivacity and supplement the warm, bright colours on the walls.

Las líneas curvas de los arcos están presentes por toda la casa. En la foto de la derecha, vista del porche habilitado como agradable y fresca zona de estar en los días veraniegos propios del mediterráneo. Abajo, la gran puerta convertida en ventana que ofrece unas vistas espectaculares desde el salón. Sobre estas líneas, detalle de una de las ventanas primitivas de la casa que nos remite a su pasado. En la página de la derecha, imágenes de los distintos espacios habilitados como salón, donde el tapizado de los sofás y los cuadros aportan vivacidad y complementan la calidez e intensidad del color de las paredes.

On the left page, the large corridor transformed into a dining room communicates the two houses in a subtle and functional way. A large central wooden table brings the inhabitants of the dwelling together for meals. On this page, again the warmth of the house is created by the colours of the walls and the earth tones of the floor. The wood of the staircase and the coffered ceilings help to create a cosy atmosphere. The colours of the tiles of the fireplace and the steps act as a counterpoint.

En la página de la izquierda, el amplio pasillo transformado en comedor para comunicar las dos casas de forma sutil y funcional. Una gran mesa central de madera reúne a la hora de comer a los habitantes de la vivienda. En esta página, de nuevo la calidez de la casa se desprende de los colores de las paredes y los tonos tierra del suelo. La madera de la escalera y del artesonado de los techos ayuda a crear un ambiente de recogimiento. Como contrapunto, los colores de las baldosas de la chimenea y los escalones.

The large amount of space available for the dwelling made it possible to create private corners to which one can withdraw. The covered terrace to which the suites give access is one of these pleasant corners where one can find tranquillity. Below, one of the bathrooms, in which the predominant white of the walls contrasts with the colour of the decorative strip. The mirror is framed with ceramic pieces that match the decorative strip.

Los numerosos metros disponibles permiten crear diversos rincones privados en los que retirarse cuando apetece. La terraza cubierta a la que dan las suites es uno de estos agradables rincones donde se puede encontrar la tranquilidad. Abajo, uno de los cuartos de baño donde contrasta el blanco predominante de sus paredes con el colorido de la cenefa que lo adorna. El espejo está enmarcado con piezas de cerámica a juego con la cenefa.

One of the spacious bedrooms, with two beds and an armchair for leaving the clothes or sitting down to read. The upholstery of the armchair is the same as that of the beds, giving a touch of colour and form to the simplicity of the decoration of the bedroom. An old dresser and a mirror are the other elements of furniture in the room. For keeping cool on hot summer days, a simple white fan hangs from the ceiling.

Uno de los espaciosos dormitorios, con dos camas y una butaca para dejar la ropa o sentarse a leer. La tapicería del sillón es la misma que la de las camas, dando un toque de color y formas a la sencillez de la decoración de la alcoba. Una cómoda antigua y un espejo completan el mobiliario de la estancia. Para pasar agradablemente los calurosos días veraniegos pende del techo un sencillo ventilador blanco.

A place for creation

When the current owners bought this house, formerly an oil mill, it was in a completely deteriorated state, the roofs had fallen in and some very unimaginative work had been done on the interior. One of the premises for its restoration was the need to respect the original structure of the building. Therefore, rather than adding walls, the architect reduced the house to its load-bearing walls, thus creating the large spaces desired by the owners.

The entrance leads to two large vaults that in turn rest on the vaults of the former cistern, now transformed into the boiler room. A simple staircase leads to the first floor, which houses the kitchen, located in the same space where it was in the past, next to the fireplace and the bread oven. The dining room, the living room, a bedroom and a large bathroom are also on this floor. The upper level consists of a single space in which a large bedroom of 40 square metres has been fitted with its own bathroom and a fireplace. This bedroom gives onto a covered terrace, also of 40 square metres, which offers spectacular views of the landscape surrounding the house.

Sculptures and space are combined in this dwelling to provide a surprising result. The careful location of sculptures by the owner of the house fully enhances the spatial dimensions of the rooms: a metal dog located in the middle of the hall receives the visitors as they cross the threshold, thus breaking, and at the same time reinforcing, the void of the entrance. Moreover, due to their simplicity, the staircases and windows, and even the furniture, also have a sculptural function. Rather than going unperceived, the curved lines of the arches and the interplay of vertical and horizontal lines of the staircases seem to be part of the decoration. Even the washbasin and the stone bathtub seem to be intended for contemplation rather than use. The minimalist style of the house, including only the carefully chosen elements that are strictly necessary, highlights objects and spaces that would otherwise go unnoticed.

Un lugar para crear

Cuando los actuales propietarios compraron esta casa, antaño un molino de aceite, se encontraba en un estado totalmente deteriorado, con tejados hundidos y unos intentos de obra interior muy convencionales. El respeto por la estructura original del edificio fue una de las premisas para su restauración. De esta forma, lejos de añadir ningún muro, la casa acabó reduciéndose solamente a sus paredes maestras logrando grandes espacios, una constante buscada por sus dueños.

La entrada da a dos grandes bóvedas que a su vez descansan sobre las bóvedas de la antigua cisterna, ahora convertida en cuarto de calderas. Por una sencilla escalera se accede al primer piso donde se encuentra, en primer lugar, la cocina, ubicada en el mismo espacio donde se hallaba antaño, junto al hogar y el horno de pan. El comedor, la sala de estar, un dormitorio y un gran baño se encuentran también en este piso. El nivel superior consiste en único espacio donde se ha habilitado un gran dormitorio de 40 metros cuadrados con baño propio y chimenea. Esta alcoba tiene salida a una terraza cubierta, también de 40 metros cuadrados, que ofrece una espectacular vista del paisaje que rodea a la casa.

Esculturas y espacio se combinan en esta vivienda proporcionando un resultado sorprendente. Además de la presencia constante de obras escultóricas realizadas por el propietario de la casa, la cuidadosa ubicación elegida para las mismas potencia al máximo los juegos espaciales de las estancias: un perro metálico situado en medio del vestíbulo recibe al visitante nada más cruzar el umbral de la casa. Por otra parte, la simplicidad de algunos elementos arquitectónicos, como las escaleras o las ventanas, e incluso la sencillez del mobiliario provocan que estos mismos elementos se transformen también en esculturas. Las líneas curvas de los arcos y el juego de líneas verticales y horizontales de las escaleras, en lugar de pasar desapercibidos, parecen formar parte de la decoración. Incluso el lavamanos y la bañera de piedra parecen destinados, más que a su uso, a la contemplación. El estilo minimalista de la casa, dónde sólo están presentes los elementos estrictamente necesarios elegidos muy cuidadosamente, consigue que destaquen al máximo objetos y espacios que de otra forma pasarían inadvertidos.

The conservation of only the load-bearing walls made it possible to create large spaces that are interrupted by sculptures by the owner, like the dog at the entrance that receives visitors when they arrive. On the following page, a perfect example of the spatial interplay that was achieved through the restoration of the staircase.

La conservación únicamente de las paredes maestras permite conseguir grandes espacios que se ven interrumpidos por esculturas elaboradas por el propietario, como el perro de la entrada que recibe al visitante nada más llegar. En la página siguiente, un ejemplo perfecto del juego espacial conseguido tras la restauración de la escalera.

The architectural elements of the house, such as the staircase and the windows, are accentuated and form part of the decoration. A handrail, an amphora and a wooden bench add a unique touch to the corners. On the opposite page, the window with a semi-circular arch in the living room, partly used as a bookshelf.

Los elementos arquitectónicos de la casa, como la escalera o las ventanas, son potenciados al máximo pasando a formar parte de la decoración. Una barandilla, un ánfora o un banco de madera son detalles únicos que completan los rincones. En la otra página, destaca la ventana con forma de arco de medio punto de la sala de estar, reutilizada en parte como librería.

On the previous page, examples of how the furniture is transformed into sculptures. The chimney, the washbasin and the stone bathtub are functional elements, though great care was taken with the aesthetics. On this page, a view of the kitchen before and after the restoration. The modern kitchen was located in the same place as the old one and the fireplace was conserved. A major feature is the sculpture of the central table.

En la página anterior, ejemplos de cómo el mobiliario parece reconvertirse en una escultura más. La chimenea, el lavamanos y la bañera de piedra además de útiles, son elementos de una estética muy cuidada. En esta página, vista de la cocina antes y después de la restauración. La cocina moderna se ubicó donde se encontraba la antigua y se mantuvo también el hogar. Destaca la escultura de la mesa central.

The furniture forms an essential part of the dining room and the living room. The stone walls and windows are the main decorative elem-ents. On the opposite page, a view of the large bedroom on the upper floor, a large single space decorated with a minimalist style. The bedroom has a large bathroom and a fireplace.

En el comedor y en la sala de estar el mobiliario es el imprescindible. Son las piedras de las paredes o las ventanas las protagonistas de la decoración. En la otra página, vista del gran dormitorio de la planta superior. Un solo espacio de grandes dimensiones decorado con un estilo minimalista. Además de un gran baño, el dormitorio tiene chimenea.

Small is beautiful

Though it is surrounded by a large garden, this house was extremely difficult to rehabilitate because it only has 98 square meters in which to distribute the space. The project of Luis Jaume Andreu, architect and owner of the house, took advantage of the available space was thus the main challenge in restoring this dwelling as a second residence.

The problem of lack of space was solved by demolishing partitions and through a skillful distribution of the rooms. The ground floor houses the kitchen-dining room, the living room and two bedrooms with a shared bathroom. The most attractive work was that done on the kitchen-dining room and the living room. The partition that separated these two spaces was removed and in its place a fireplace was built, flanked by two columns that helped to differentiate the living room from the kitchen-dining room. The attic above this room was difficult to use because of its sloping ceiling. For this reason, the floor was removed at the part where the ceiling was lowest, and the room was left open to the ground floor of the house, where the living room and kitchen are located. This room became a small living room that could be converted into a bedroom for guests. The upper floor also houses the main bedroom and a bathroom. The lack of light characteristic of old houses was solved by opening several windows. The illumination was also favoured by the choice of a very bright ochre for the walls. In one of the bathrooms the yellow of the house was combined with blue and with the green mosaic tiles lining the shower; in the other one a salmon colour was chosen for the lime stucco walls.

The relaxed modern decor combined with a simple and rational layout made it possible to fully overcome the lack of space in this wonderful dwelling.

Pocos metros bien aprovechados

A pesar de estar rodeada de un inmenso jardín, las dimensiones de esta casa plantearon un importante desafío en su rehabilitación al disponer de tan sólo 98 metros cuadrados en los que distribuir el espacio. El proyecto de Luis Jaume Andreu, arquitecto y propietario de la casa, consiguió sacar provecho de los pocos metros disponibles y adaptar así esta estancia en una agradable segunda residencia.

El derribo de tabiques proporcionó amplios espacios que, combinados con una distribución acertada de las estancias, eliminó los problemas provocados por la falta de espacio. En la planta baja, se ubicó la cocina-comedor, la sala de estar y dos habitaciones con baño compartido. La obra más llamativa fue la que afectó a la cocina-comedor y a la sala de estar. El tabique separador de estas dos áreas fue suprimido y en su lugar se colocó una chimenea flanqueada por dos columnas que ayudó a diferenciar la sala de estar de la cocina-comedor. La buhardilla que había encima de esta estancia tenía un techo muy inclinado con lo que se eliminó el suelo de la parte con menor altura de la buhardilla y se dejó la estancia como un altillo abierto a la planta baja de la casa, donde se encontraban la sala de estar y la cocina. Esta habitación pasó a ser una pequeña sala de estar que se convertía en dormitorio cuando había invitados. Además de la buhardilla, en la planta superior se ubicó el dormitorio principal y un cuarto de baño. La falta de luz característica de las casas antiguas se solventó con la apertura de varias ventanas. La luminosidad también se vio favorecida por la elección de un ocre muy intenso para las paredes. En uno de los baños se combinó el amarillo de la casa con el azul azulete y el verde del gresite que cubre la ducha; en el otro se escogió un tono salmón para las paredes estucadas a la cal. A pesar de los problemas de espacio, el sabor moderno y desenfadado de la decoración combinado con la racionalidad y la simplicidad de la distribución permitieron superar con creces la falta de metros de esta estupenda vivienda.

Ground floor / *Planta Baja*

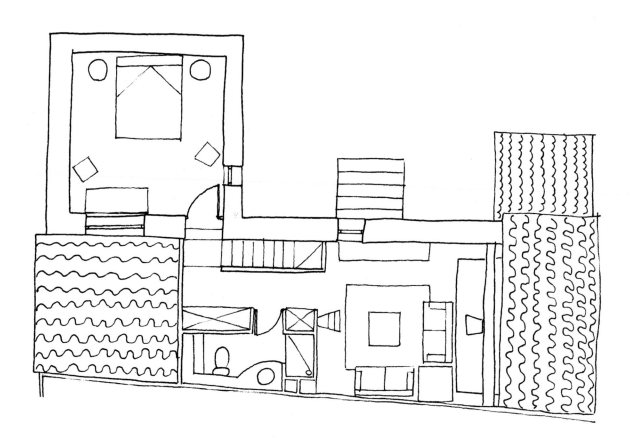

First floor / *Primera planta*

The small size of the dwelling required a careful distribution of the spaces. The ground floor houses two bedrooms with a shared bathroom and a large space containing the living room and the kitchen-dining room. Above, a detail of the kitchen with an oven like a work of art. Top left, a detail of the living room with a "Capilla" fireplace by Coderch that separates the kitchen from the living room.

Los pocos metros de la vivienda requerían una distribución cuidadosa de los espacios. En la planta baja se ubicaron dos habitaciones con baño compartido y una gran estancia con sala de estar y cocina-comedor. Sobre estas líneas se observa un detalle de la cocina con un horno enmarcado como si fuera un cuadro. Arriba a la izquierda, un detalle de la sala de estar con una chimenea "Capilla" de Coderch que limita el espacio de la cocina con el de la sala de estar.

On the previous page, a view of the attic room on the first floor. As it opens onto the living room, this room is far roomier and brighter. A fireplace like that of the living room presides over the room. On this page the bright ochre used on the walls of the house can be seen. The dark brown of the wooden beams combined with the ochre provides the dwelling with a special warmth.

En la página anterior, vista de la habitación abuhardillada del primer piso. Al estar abierta al salón, la dependencia resulta mucho más espaciosa y luminosa. Una chimenea como la de la sala de estar preside la estancia. En esta página se aprecia la intensidad del ocre que reviste las paredes de la casa. El marrón oscuro de las vigas de madera combinado con este color proporciona una especial calidez a la vivienda.

The combination of blues and ochre in one of the bathrooms is complemented by the green mosaic tiles in the shower. A salmon colour was chosen for the other bathroom. On the following page, a view of the main bedroom with a simple decor in accordance with the rest of the dwelling.

A la combinación de azulete y ocre de uno de los baños se suma el verde del gresite de la ducha. Para el otro cuarto de baño se ha elegido una tonalidad salmón. En la página siguiente, vista del dormitorio principal con una decoración sencilla y acorde con el resto de la vivienda.

Modern comfort in an old house

Confort actual entre piedras

This dwelling originally belonged to a farmhouse that was divided into two properties. One of the houses resulting from the division, with a ground floor, two upper floors of 40 square metres and an attic, was restored by the architect Daniel Calatayud. The rehabilitation scheme was based on three basic premises: to take advantage of the environment in which the house was located, to achieve a flowing space and to provide good natural lighting.

In order to obtain spatial fluidity, the four floors of the dwelling were linked to each other by extending the space by means of separate staircases that condition the route and generate a transparent, vertical space. The hall, a workshop, a guest room and a bathroom were located on the ground floor. Natural lighting on this level was achieved by transforming the old bread oven into a skylight. The creation of a patio on the first floor allowed the floor area to be increased from 40 to 60 square metres. This floor houses the kitchen and dining room, separated from the summer patio by a wall. On the following level is the large winter living room, with a small study and a toilet located under the staircase. The brightness and the views of the church from this floor were achieved thanks to a large window of 25 square metres. The floor area of the attic was increased from 20 to 30 square metres through the creat-ion of a large terrace offering privileged views over the garden and the surrounding landscape. This floor houses the main bedroom and bathroom, which looks over the living room and gives onto the terrace.

A large part of the interior floors are covered with jatoba floorboards, which provides a warm and welcoming atmosphere to the whole house in combination with the light ochre of the walls. The combination of steel, wooden linings and concrete in the interior gives a modern appearance to the dwelling. Instead of the habitual ceilings of exposed wooden beams that are typical in this type of house, false ceilings of okume plywood were chosen. The exposed stonework and the arched ceilings of some spaces give a rustic touch to the house. The overall result is a modern and comfortable dwelling that is open to the exterior and perfectly integrated in its environment.

Esta vivienda pertenecía originalmente a una masía que se segregó en dos propiedades. Como resultado de la partición surgió la casa, de planta baja, dos pisos de 40 metros cuadrados y un altillo, de cuya restauración se encargaría el arquitecto Daniel Calatayud. El proyecto partió de tres premisas básicas para la rehabilitación: sacar partido del entorno en el que se encontraba la casa, conseguir un espacio fluido y potenciar la luminosidad. Para conseguir una fluidez espacial, las cuatro plantas de la vivienda se vincularon entre sí al extender el espacio mediante unas escaleras distantes que condicionan el recorrido y generan un diáfano espacio vertical. En la planta baja se ubicó el vestíbulo, un taller, una habitación de invitados y un baño. La iluminación de este nivel se consiguió al convertir el antiguo horno de pan en lucernario. La creación de un patio en la primera planta permitió extenderla de 40 a 60 metros cuadrados de suelo. En este piso se situaron la cocina y el comedor separados del patio de verano mediante un muro. En el siguiente nivel se encuentra la gran sala de estar de invierno, con un pequeño estudio y un aseo ubicado bajo la escalera. La luminosidad y las vistas a la iglesia de esta planta se consiguieron gracias a un gran ventanal de 25 metros cuadrados. El altillo se extendió de 20 a 30 metros cuadrados mediante la creación de una gran terraza, mirador privilegiado sobre el jardín y el paisaje circundante. En este piso se encuentra el dormitorio principal, con su cuarto de baño, que además de asomarse a la sala de estar, disfruta de la terraza y las vistas que ésta le brinda.

Gran parte de los suelos interiores están cubiertos de tarima de jatoba, solado que al combinarse con el ocre templado de las paredes proporciona un ambiente cálido y acogedor a toda la casa. La combinación de acero, revestimientos de madera y hormigón en las estancias interiores le dan un aire moderno a la vivienda. En lugar de los habituales techos construidos con vigas de madera vista, típicos en este tipo de casas, se ha optado por falsos techos de contrachapado de okume. La piedra vista y los techos abovedados de algunos espacios aportan el sabor rústico a la casa. El resultado del conjunto es una vivienda moderna y confortable abierta al exterior y perfectamente integrada en él.

On this page, the ground floor and first floor. The hall, a workshop, a guest room and a bathroom were located on the ground floor, while the kitchen and the dining room were located on the upper level. The staircases reflect the combination of old elements with modern materials.

En esta página, planta baja y primera planta . El vestíbulo, un taller, una habitación de invitados y un baño se encuentran en la planta baja, mientras que en el nivel superior se ubicaron la cocina y el comedor. Las escaleras reflejan la combinación de elementos viejos con materiales modernos.

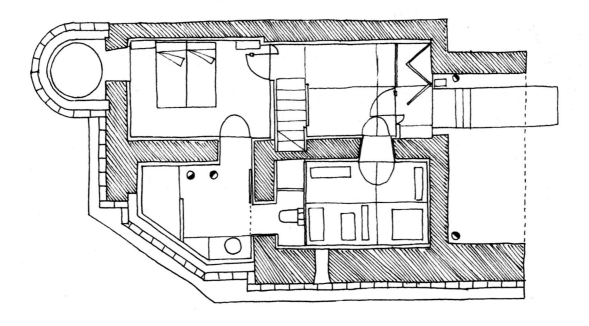

Ground floor / *Planta baja*

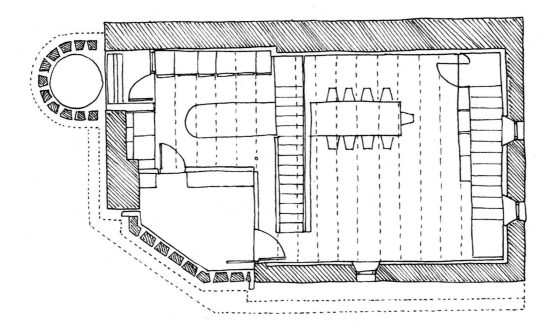

First floor / *Primera planta*

A living room, the dining room and the kitchen are on the same floor. The kitchen, with access to the exterior, has modern and functional furniture. The false ceilings are of okume plywood and the glass wall communicates with the terrace.

Un salón, el comedor y la cocina se encuentran en la misma planta. La cocina, con salida al exterior, tiene muebles modernos y funcionales. Destacan los falsos techos de contrachapado de okume y la pared de cristal que comunica a la terraza.

On the previous page, a view of the large living room located on the first floor. The sofa was located under the staircase. On this page, the second and third floor plans showing how the attic on the third level looks over the living-dining room below.

En la página anterior, vista del gran salón ubicado en la primera planta. Se ha aprovechado el hueco de la escalera para situar el sofá. En esta página, plantas del segundo y tercer piso donde se aprecia que altillo del tercer nivel se asoma al salón comedor de abajo.

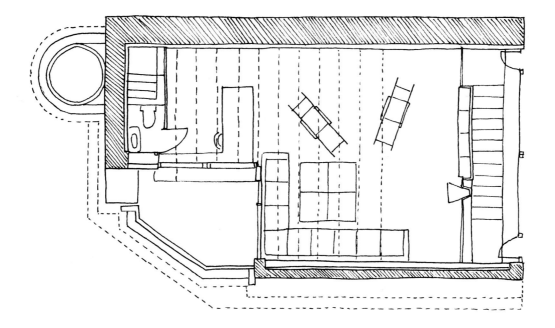

Second floor / *Segunda planta*

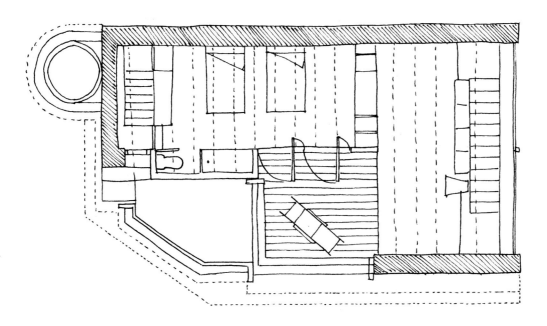

Third floor / *Tercera planta*

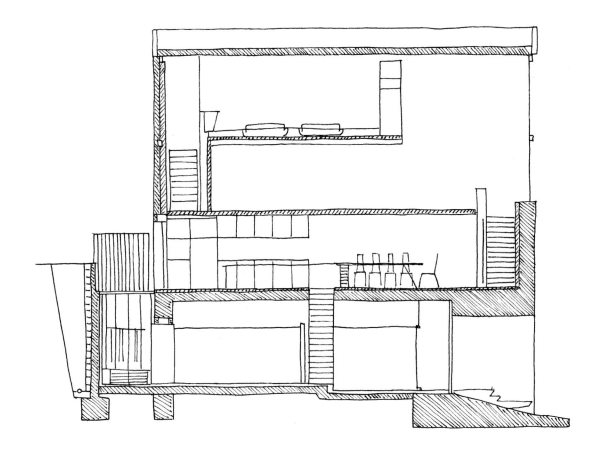

Longitudinal section A / *Sección longitudinal A*

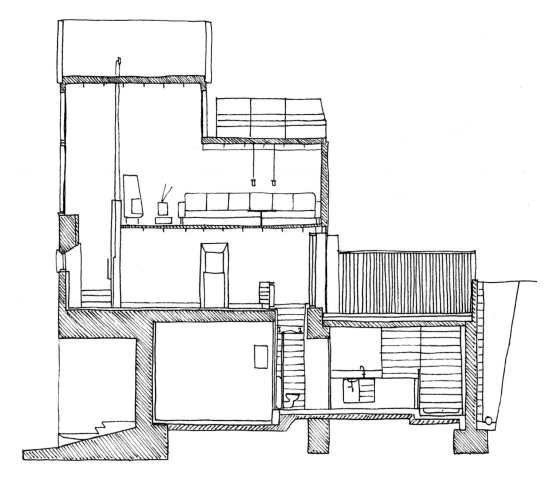

Longitundinal section B / *Sección longitudinal B*

104

On the previous page, a longitudinal section of the house showing the spatial relationship between the different elements of the dwelling. On this page, views of the 25 square metre window that provides natural lighting on the second floor.

En la página anterior, secciones longitudinales de la casa donde se puede apreciar la relación espacial entre las diferentes piezas de la vivienda. En esta página, vistas del gran ventanal de 25 metros cuadrados abierto en la segunda planta para iluminarla.

The second floor houses a toilet, a small study, and a spacious winter living room overlooked by the bedroom located in the attic. A 25 square metre window provides ample natural lighting. Jatoba boards were chosen for the floors. On this page, the cross-sections of the house, already showing the furniture because the architects had a very clear idea of the functions of the rooms.

En la segunda planta, además de un aseo y un pequeño estudio, se encuentra la espaciosa sala de estar de invierno sobre la que se asoma el dormitorio ubicado en el altillo. Un gran ventanal de 25 metros cuadrados ilumina toda la estancia. Para los suelos se eligió tarima de jatoba. En esta página, las secciones transversales de la casa en las que ya se dibujó el mobiliario al tenerse muy claro las funciones de las habitaciones.

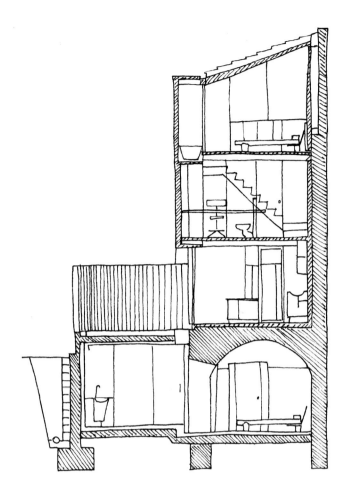

Cross-section A / *Sección transversal A*

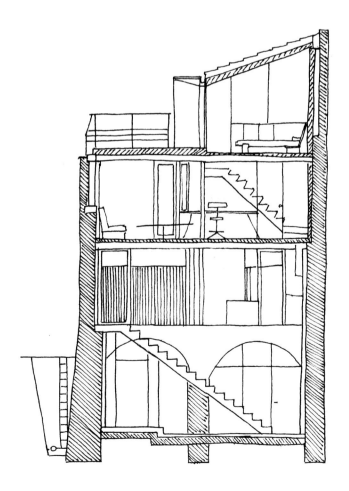

Cross-section B / *Sección transversal B*

A large bedroom with bathroom was located in the attic. This room has a roof terrace created by extending the floor slab.

En el altillo se ubicó un gran dormitorio con su cuarto de baño. Esta estancia tiene una salida al exterior conseguida mediante la extensión de la superficie de la planta para crear una terraza.

An old oil mill

An oil mill, two barns used for storing hay and a henhouse were the original elements of this dwelling organised around a central walled courtyard with an adjoining orchard. One of the premises of this restoration scheme was to respect the original structure of the spaces for all elements that referred to the rustic past of the house. The old mill was used to house the entrance to the dwelling, the kitchen, a bedroom and a bathroom. Two openings communicate with the old barns, now rehabilitated as a living room and dining room. The large arches that gave access to the courtyard were glazed and the views of the garden were achieved by opening two large wind-ows in one wall of the living room. Due to its height and size, this room thus became a bright and spacious environment. The staircases of the living room-dining room give access to the upper floor of the mill, which houses the main suite with its bathroom and a pleasant reception room-studio. The inner courtyard communicates with the former henhouse, a small

building with stone walls that houses the guest house, with a bedroom, a dressing room and a bathroom.

Ochre was chosen as the colour for the living room-dining room and the bedrooms located in the old mill, contrasting with the blues of the guest house. The dwelling is paved with clay tiles, with the exception of the main suite and the studio that were given greater warmth through the use of floorboards. The old inner courtyard was transformed into a pleasant summer dining room, and the orchard was transformed into a pleasant garden populated by olive trees, oaks, walnuts and other existing trees around the swimming pool that forms the main feature of this open space.

Un antiguo molino

Un molino de aceite, dos cobertizos utilizados como pajar y un gallinero anexo eran las edificaciones originales que, organizadas alrededor de un patio central amurallado, conformaban antiguamente esta vivienda. Un campo de frutales que se comunicaba con el patio interior completaba el conjunto. El respeto por la estructura primitiva de los espacios y por todos aquellos elementos que remitían al pasado rústico del conjunto fue una de las premisas de su restauración. En el antiguo molino se ubicaron la entrada a la vivienda, la cocina, un dormitorio y un cuarto de baño. Dos aberturas comunican con los antiguos pajares, ahora rehabilitados como sala de estar y comedor. Los grandes arcos que daban acceso al patio fueron acristalados y las vistas al jardín se consiguieron gracias a la apertura de dos grandes ventanas en otra de las paredes del salón. Además de la luminosidad a que dieron origen estas reformas, el respeto por la altura y las dimensiones de esta estancia proporcionó una zona de estar espaciosa y luminosa. Por las escaleras del salón-comedor se accede al piso superior del molino donde los metros se reparten entre la suite principal, con su cuarto de baño, y una agradable salita-estudio. El patio interior comunica con lo que fuera el antiguo gallinero, una pequeña edificación con muros de piedra donde se ha habilitado la casa de invitados, con un dormitorio, un vestidor y un baño.

El ocre templado es el color elegido para el salón-comedor y las estancias ubicadas en el antiguo molino contrastando con el azulete de la casa de invitados. Baldosas de barro pavimentan casi toda la vivienda, a excepción de la suite principal y el estudio que disfrutan de una mayor calidez, si cabe, gracias a los listones de madera de su suelo. Mientras que el antiguo patio interior ha sido transformado en un agradable comedor de verano, lo que antaño fuera el campo de frutales se ha convertido en un agradable jardín poblado por olivos, encinas, nogales y otros árboles ya existentes ubicados entorno a la piscina que preside este espacio abierto.

On the previous page, a view of the courtyard used as a summer dining room. The floor was repaved. Below, the stone henhouse converted into a guest house. In the bottom photograph, the old orchard is now a garden with a large swimming pool. Above, the spacious living room located in the former barns. The two new windows at the rear give onto the garden and provide the room with natural light. Below, one of the glazed doors that give onto the courtyard.

En la página anterior, vista del patio habilitado como comedor de verano. El suelo ha sido empedrado de nuevo. Al fondo, el gallinero de piedra reconvertido en la casa de los invitados. En la foto inferior, el antiguo campo de frutas presidido ahora por una gran piscina. Sobre estas líneas, el espacioso salón ubicado en lo que antaño fueron los pajares. Las dos ventanas del fondo, anteriormente inexistentes, dan al jardín y proporcionan luz natural a la estancia. Abajo una de las puertas acristaladas que dan al patio.

On the previous page, a detail and a general view of the living room. One of the windows of the old mill was converted into an original shelf that still conserves its iron grill. Much of the furn-iture, such as the small octagonal table located next to two armchairs, was bought from antique dealers. The bright, spacious room maintains the basic structure of its previous function as a barn. In the kitchen it was decided to maintain a rustic atmos-phere, provided by the old wooden beams, the solid fuel cooker and the new furniture of a clear-ly antique style.

En la página anterior, detalles y vista general del salón. Una de las ventanas del antiguo molino se ha reconvertido en una original repisa que todavía conserva su reja de hierro. Muchos de los muebles, como la pequeña mesa octogonal situada junto a dos butacas orejeras, han sido adquiridos en anti-cuarios. La estancia, espaciosa y luminosa, mantiene la estructura básica de lo que fue anteriormente: un pajar. En la cocina se ha querido mantener un ambiente rústico, proporcionado por las antiguas vigas de madera, la primitiva cocina económica o el nuevo mobiliario elaborado con un claro sabor antiguo.

Warm colours were chosen for the rooms located in the former mill: salmon for the main bedroom and a gentle ochre for the other spaces. The combination of these colours with the earth tones of the wood floor and the ceiling beams creates a warm, comfortable atmosphere. The old furniture was bought from antique dealers.

Los tonos cálidos han sido los elegidos para las estancias donde antaño se encontraba el molino: salmón para el dormitorio principal y ocre templado para los otros espacios. La combinación de estos colores con los tonos tierra de la madera del suelo y las vigas del techo crean un ambiente cálido y confortable. Los muebles antiguos han sido adquiridos en anticuarios.

For the guest room, located in the former hen-house, a blue colour was chosen that gives the room coolness and brightness. A warm note is provided by the exposed wooden beams of the ceiling. An old wrought iron bed presides over the bedroom. The guest bathroom has walls whitewashed in a pleasant blue that combines with the earth colour of the baked clay tiles on the floor.

Para la habitación de invitados, ubicada donde antaño estaba el gallinero, se eligió un tono azulete que proporciona frescor y luminosidad a la estancia. La nota cálida la aportan las vigas de madera vista del techo. Una cama antigua de hierro forjado preside la alcoba. También el baño de la casa para invitados tiene las paredes encaladas en un agradable azulete que se combina con el color tierra de las baldosas de barro cocido del suelo .

A restructured farmhouse

Long abandoned, this farmhouse had the characteristic structure of country houses, consisting of a main building with outbuildings that had been added as necessary. Lacking a structural or decorative motif that provided continuity and coherence to the interior of the dwelling, the architect Daniel Mallarach decided to use the staircases to establish a relationship between the floors and as the defining element of a compositional axis. Thus, an impressive curving staircase would serve to structure the composition of the interior spaces. The three floors of the main building were united by this staircase. On the first floor, the architect conserved the characteristic central room of this type of house, giving access to the other rooms. In this case, the main room was used to create the dining room presided over by a large wooden table and a large fireplace. But the room conserves its role of distribution and gives access to other spaces such as the kitchen.

The upper floor houses bedrooms and a large living room giving onto a covered and porticoed terrace that lets in the natural light and provides a cool shady place for hot summer days. A salmon colour was chosen for the walls of the common areas, although exposed stonework is also found in some of the spaces such as the staircase, the dining room and the kitchen. In the kitchen and dining room the floor was paved with clay tiles, whereas in other rooms floorboards were used to provide warmth. The design of the staircase and part of the furniture has a modern and functional air that marks a bold contrast with the old character of the dwelling. The result is an elegant and comfortable house with a pleasant rural character.

Una masía rehabilitada

Abandonada desde hacía tiempo, esta casa de labor presentaba la estructura propia de las casas de campo donde, además de la edificación principal, iban emergiendo cobertizos, cabañas y añadidos a medida que las necesidades lo requerían. A falta de un motivo estructural que proporcionara continuidad y coherencia al interior de la vivienda, el arquitecto Daniel Mallarach, tomó la decisión de adoptar las escaleras como herramienta para establecer una relación entre las plantas y como elemento definidor de un eje compositivo. De esta forma, una impresionante escalera de líneas curvas serviría como eje director de la composición de los espacios interiores. Las tres plantas del edificio principal se vieron unidas por esta escalera. En la primera planta se conservó la sala central característica de este tipo de casas, a partir de la cual se accede habitualmente a las demás dependencias. En este caso, en la sala principal se ubicó el comedor presidido por una gran mesa de madera y una chimenea. Pero la estancia conserva su papel de distribuidor y desde ella se puede acceder a otros espacios, como la cocina. En la planta superior se ubicaron habitaciones y una amplia sala de estar con salida a una terraza cubierta y porticada que, además de dejar pasar la luz natural al interior, proporciona un sitio fresco y sombreado en el que aposentarse en los calurosos días veraniegos. El color salmón fue el elegido para las paredes de las zonas comunes, aunque la piedra vista también está presente en algunos de los espacios, como la escalera, el comedor e, incluso, la cocina. Mientras que en algunas dependencias, como la cocina y el comedor, el suelo se pavimentó con baldosas de barro cocido, en otras se utilizaron listones de madera que proporcionaban calidez a las estancias. El diseño de la escalera y parte del mobiliario tienen un aire moderno y funcional que contrasta, con atrevimiento, con el carácter antiguo de la vivienda. El resultado es una casa elegante y confortable en la que se respira, al mismo tiempo, un agradable sabor rural.

The great hall, the main room in this type of country house, maintained its function of giving access to other rooms such as the kitchen. A large table presides over this space, transforming it into a dining room. The fireplace located in this room converts it into the warm heart of the dwelling, next to the kitchen.

La sala, pieza principal de este tipo de casas de campo, mantuvo su función de distribuidor dando acceso a otras dependencias, como la cocina. Una gran mesa preside este espacio conviertiéndolo en comedor. La chimenea situada en esta estancia la convierten, junto a la cocina, en el corazón caliente de la vivienda.

As a traditionally warm room, the kitchen tended to be located on the north side of country houses to protect them against the cold. The fact that this dwelling was to be used as a second residence, and that it had central heat-ing, allowed this room to be relocated in a sunnier area. In the design of the furniture it was attempted to provide functionality and warmth. As in the dining room, another fireplace was located in the kitchen following the dictates of tradition.

Como pieza tradicionalmente cálida, la cocina acostumbraba a ubicarse en la cara norte de las casas de campo para que actuasen como protección. El hecho de que esta vivienda fuera destinada a segunda residencia y la existencia de calefacción en toda la casa permitió recolocar esta pieza en una zona más soleada. El diseño del mobiliario buscaba la funcionalidad y la calidez de este espacio. Al igual que en el comedor, en la cocina se ubicó otro hogar siguiendo los dictados de la tradición.

Before the restoration / Antes de la restauración   **After the restoration / Después de la restauración**

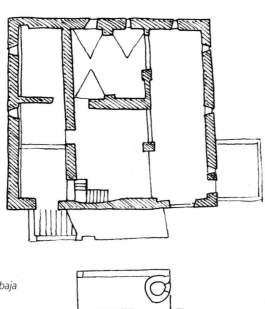
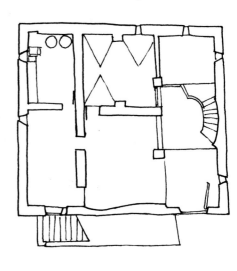

Ground floor / *Planta baja*   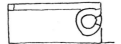   Ground floor / *Planta baja*

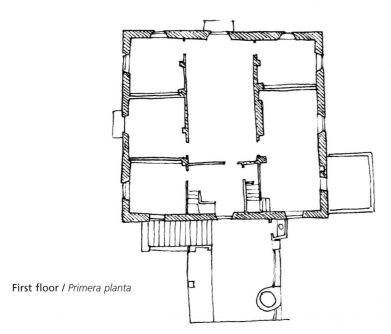
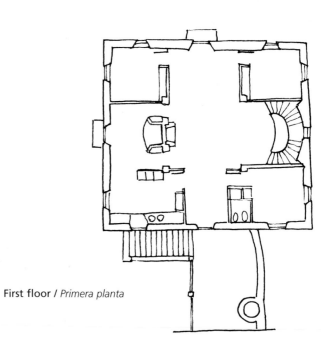

First floor / *Primera planta*   First floor / *Primera planta*

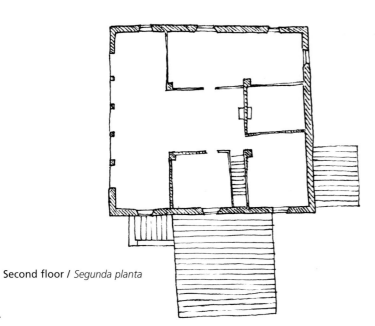
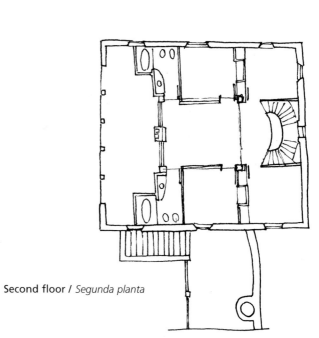

Second floor / *Segunda planta*   Second floor / *Segunda planta*

124

On the previous page, the three floors of the dwelling before and after the restoration. The interior structure of the original house did not offer any important governing element on which to base the restoration. The small existing staircases offered no continuity and could not be used to create an idea of the building as a whole. For this reason, it was decided to incorporate a large staircase to act as a structural axis. On this page, a view of the entrance from which the staircases governing the composition rise. The exposed stonework of the walls and the paving of the floor were maintained.

En la página anterior, las tres plantas de la vivienda antes y después de la reforma. La estructura interior de la casa original no presentaba ningún elemento rector importante en el que basarse para la restauración. Las escaleras existentes, sin continuidad y de dimensiones reducidas, no permitían hacerse una idea de la edificación en conjunto. Por esta razón, se tomó la decisión de incorporar una gran escalera que ejerciera de eje estructural. En esta página, vista de la entrada desde donde parten las escaleras que rigen la composición del conjunto. Se ha mantenido la piedra vista de sus muros y el empedrado del suelo.

The spectacular curved staircase is one of the main features of the dwelling. Rising from the entrance to the dwelling, the new staircase continues uninterrupted to the upper floor of the houses, providing continuity to the spaces and forming a governing axis that gives a general idea of the whole.

La espectacular escalera de líneas curvas es una de las protagonistas de la vivienda. Partiendo de la entrada a la vivienda, la nueva escalera asciende sin interrupción hasta el piso superior de la casa, proporcionando continuidad a los espacios y un eje rector que permite hacerse una idea general del conjunto.

The upper floor houses the living room with a large porticoed terrace. This allows natural light into the living room whilst avoiding the consequences of direct sunlight. On the terrace, a table and wicker chairs create a pleasant living area where the air circulates pleasantly on summer days.

En el piso superior se encuentra la sala de estar con una gran terraza porticada. Gracias a ella, la luz natural inunda el salón sin sufrir las consecuencias de la entrada directa de los calurosos rayos de sol. En la terraza, una mesa y unas sillas de mimbre presiden una agradable zona de estar donde el aire circula agradablemente en los días estivales.

The rural flavour of the construction finds its counterpoint in the design of the staircase and in the modern and relaxed furniture. This bold combination is pleasant and comfortable. The colours chosen for the living room were salmon for the walls and navy blue for the furniture combining with the warm tones of the wooden floor.

El sabor rural de la edificación tiene su contrapunto en el diseño de la escalera y en la elección del mobiliario, moderno y desenfadado. Esta atrevida combinación resulta agradable y confortable. Los colores elegidos para la sala de estar han sido el salmón de las paredes, los tonos cálidos de la madera del suelo y el intenso azul marino de parte del mobiliario.

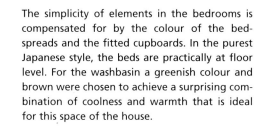

The simplicity of elements in the bedrooms is compensated for by the colour of the bedspreads and the fitted cupboards. In the purest Japanese style, the beds are practically at floor level. For the washbasin a greenish colour and brown were chosen to achieve a surprising combination of coolness and warmth that is ideal for this space of the house.

La simplicidad de elementos en los dormitorios se ve compensada por el colorido de los edredones de las camas o los armarios empotrados. Al más puro estilo japonés, las camas se encuentran prácticamente a ras de suelo. Para el lavabo se han elegido un tono verdoso y un marrón consiguiendo una sorprendente combinación de frescor y calidez ideal para este espacio de la casa.

A change of orientation

When the architect Raimón Oller was commissioned to rehabilitate this old country house located in a small village that is still devoted to farming, it was in a totally ramshackle state. It had been in disuse for many decades and its complex restoration was carried out in stages because the west wing of the dwelling, with the large windows and the swimming pool, was purchased later than the rest of the dwelling. The former cowsheds have perfectly conserved arched ceilings formed with clay tiles that combine perfectly with the floor, and are elegantly enhanced by the light-coloured walls. One of the major alterations made in this area was the creation of openings to the exterior whilst respecting and maintaining the original layout. The two upper floors house the kitchen, the dining room and the bedrooms with their bathrooms.

In an attempt to set the old against the new, comfortable and functional areas were created to meet contemporary needs that combine unintentionally with the rustic elements that are found in both the structure and the decor.

The dark wooden beams, the elegant lintels of the doors and the exquisite furniture, in addition to many details such as the staircase rising above the kitchen, give this dwelling an original appearance with a surprisingly practical result. The main facade was changed when the dwelling was enlarged by the incorporation of the west wing. The house has been turned towards the west and this new area, which is more secluded and private, is now the main feature. The construction of a beautiful long swimming pool adds the perfect finishing touch.

Un cambio de orientación

Cuando el arquitecto Raimón Oller recibió el encargo de rehabilitar esta antigua casa de campo, ésta se encontraba en un estado completamente ruinoso. Llevaba largas décadas en desuso y su difícil reconstrucción se ha ido realizando con el paso del tiempo ya que el ala oeste de la vivienda, en el que se encuentran los grandes ventanales y la piscina, fue adquirido con posterioridad al resto de la vivienda. En la entrada habían establos con techos abovedados perfectamente conservados y que al ser de baldosas de barro, combinan perfectamente con el suelo enmarcando así las claras paredes de manera elegante y funcional. Una de las obras que se realizaron en estas nuevas estancias fue la creación de aberturas al exterior pero respetando y manteniendo siempre la distribución primitiva. En los dos pisos superiores se encuentran la cocina, el comedor y las habitaciones con sus baños. Buscando la contraposición de lo antiguo con lo moderno, se han logrado zonas cómodas y funcionales acordes con las necesidades contemporáneas que combinan como sin querer con los elementos rústicos que se encuentran tanto en lo estructural como en lo decorativo. Las vigas de madera de tonos oscuros, los elegantes dinteles de las puertas o la exquisitez de los grandes muebles son ejemplos que sumados a numerosos detalles como la escalera que sube por encima de la cocina, le dan a esta vivienda un aire original con un resultado sorprendentemente práctico. Al ampliarse la vivienda con la incorporación del lateral de poniente, esta casa situada en un pequeñito pueblo que todavía conserva actividades agrícolas y ramaderas, ha cambiado su fachada principal. Ahora la casa se ha volcado al oeste y esta nueva zona, más escondida y privada, tiene ahora un protagonismo máximo dentro del conjunto. Un protagonismo que se ha visto incrementado notablemente con la construcción de una preciosa piscina alargada que remata a la perfección .

The arched ceilings of the old cowshed form curved lines that enhance the doorways and corners. The white walls provide the perfect counterpoint to the dark ceiling and floor.

Los techos abovedados de los antiguos establos forman líneas curvas que realzan los pasos a puertas y los rincones. El color blanco de las paredes da la luminosidad requerida para contrarrestar con el techo y el suelo.

The simple furniture and the absence of unnecessary decorative elements make for a better appreciation of the space.

La ausencia de elementos decorativos innnecesarios y la simplicidad y sencillez del mobiliario resultan cruciales para una mejor contemplación del espacio.

The rustic elements such as the wooden beams and the old stove are combined boldly with a modern kitchen located under the staircase. On the following page, a detail of the dining room with its wood-burning stove.

Los elementos rústicos como las vigas de madera o la antigua cocina de brasas combinan sin pudor con una moderna cocina situada en el hueco de la escalera. En la página siguiente, detalle del comedor con su chimenea.

On the previous page, a splendid billiard table dominates this room. The practically invisible joint between the ceiling and the walls creates a sensation of space. On this page, a detail of one of the bedrooms and of the simple and modern washbasins.

En la página anterior, un espléndido billar de tres bandas toma todo su protagonismo en esta habitación. La prácticamente invisible unión entre el techo y las paredes crea sensación de espacio. En esta página, detalle de una de las habitaciones y de los sencillos y modernos lavabos.

A country hotel

The large dimensions of this country house made it an ideal location for a hotel of rustic apartments with a garden and restaurant on the ground floor. The large spaces that were necessary for family life in former times were excessive for a present-day family but highly appropriate for transformation into a small country hotel.

Agustí Prunyunosa, the architect responsible for the project, faced the challenge of redistributing the large spaces of the house to create the restaurant and several apartments. The restaurant was located on the ground floor, giving onto an exterior garden, while on the other floors the spaces were restructured to create apartments with a floor area of approximately 100 square metres each, including living-dining room, kitchen, bedrooms and bathrooms. To achieve brighter and more fluid spaces, some of the doors communicating rooms were eliminated. Though the original structure of the house was modified to provide comfort and functionality, the new layout did not eliminate the rural flavour of the dwelling: the roofs of Arab tiles, the semicircular fireplaces, the arched ceilings, the floor paved with clay tiles and the exposed stonework on some walls of the building are constants that refer to the rustic character of the building.

The walls were whitewashed with natural pigments in which white is predominant, transmitting a greater sensation of space and brightness. A counterpoint is provided by bold colours such as garnets and earth colours and the blue cobalt of the bathrooms and kitchen. The cool effect of the blues is counteracted by the warmth provided by the wooden doors and the old furniture that was placed in all the rooms. For the kitchen and bathroom, modern functional furniture was chosen, though it does not clash with the rustic style of the decor.

From the exterior, the exposed stonework of the facade is combined with the green vegetation of the garden. Several terraces provide the apartments with a cool, pleasant space in which to rest in the shade on hot summer days. Though the original house has been converted into several apartments, it conserves a warm rustic style that makes it a perfect place to spend a few days of rest.

Turismo rural

Las grandes dimensiones que presentaba esta casa de campo la convertí-
an en el marco ideal para transformarla en un hotel de apartamentos rústicos con jardín y un restaurante en la planta baja. Los numerosos y
amplios espacios necesarios para la vida de las grandes familias de otras
épocas resultaban ser excesivos para una familia actual y muy adecuados,
en cambio, para transformar la casa en un pequeño hotel rural.

De esta forma, Agustí Prunyunosa, arquitecto responsable del proyecto,
se enfrentó al reto de redistribuir los numerosos metros de que disponía
la casa para habilitar el restaurante y varios apartamentos. Abierto a un
jardín exterior, el restaurante se ubicó en la planta baja, mientras que en
las otras plantas se reestructuraron los espacios consiguiendo pisos con
una superficie de aproximadamente 100 metros cuadrados cada uno que
incluyen salón-comedor, cocina, dormitorios y cuartos de baño. Para
lograr espacios más despejados y fluidos se eliminaron algunas de las
puertas que comunicaban unas estancias con otras. La comodidad y funcionalidad de su distribución, a pesar de modificar la estructura original de
la casa, no eliminó el sabor rural de la vivienda: los tejados de teja árabe,
las chimeneas de tiro semicircular, los techos abovedados, el suelo pavimentado con baldosas de barro cocido y la piedra vista de algunas de las
paredes del edificio son algunas de las constantes que remiten al carácter
rústico de la vivienda.

Las paredes han sido encaladas con pigmentos naturales donde predomina el blanco, transmitiendo una mayor sensación de espacio y luminosidad. Como contrapunto, destaca también la presencia de colores más
atrevidos como los granates y los tonos tierra, así como el azul cobalto de
los baños y la cocina. El frescor que se desprende de los tonos azulados
se ve contrarrestado por la calidez que proporciona la madera de las puertas y los muebles antiguos presentes en todas las estancias. Para la cocina y el baño se ha elegido un mobiliario moderno y funcional que no
rompe, sin embargo, con el estilo rústico de la decoración de la casa.

Desde el exterior, destaca la piedra vista de la fachada de la casa combinada con el verde siempre presente en el jardín. Varias terrazas proporcionan a los apartamentos un espacio fresco y agradable en el que repo-
sar a la sombra en los calurosos días estivales. A pesar de transformar la
casa original en varios apartamentos, la casa conserva un estilo rústico y
cálido dando como resultado una agradable vivienda perfecta para pasar
unos días de descanso.

The large dimensions of this country house, located inside a town, allowed it to be converted into a hotel with several comfortable and functional apartments of approximately 100 square metres each. There was also space to create cool terraces with summer dining rooms, as shown on the previous page.

Las grandes dimensiones de esta casa de campo, ubicada en el interior de un pueblo, permitían reconvertirla en un hotel con varios apartamentos cómodos y funcionales de aproximadamente 100 metros cuadrados. No faltó el espacio para habilitar frescas terrazas con comedores de verano, como se ve en la página anterior.

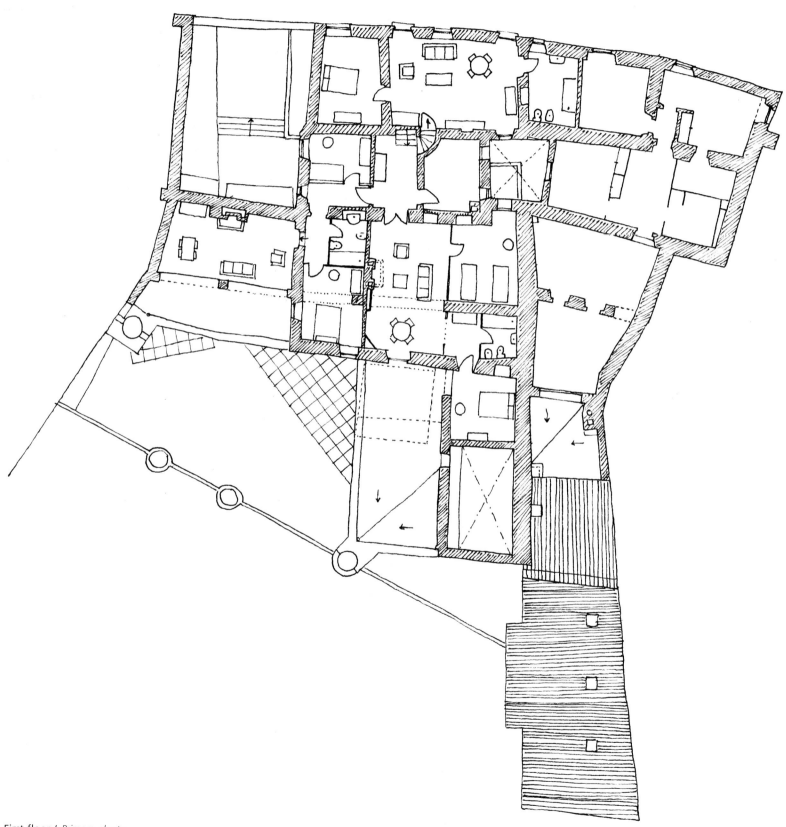

First floor / *Primera planta*

On this page, three elevations of the building. The apartments are fully equipped, with all the necessary elements of a comfortable and functional dwelling: kitchen-dining room, living room, bedrooms and bathrooms. On the following page, a view of one of the living rooms where, alongside rustic elements such as the ceilings or the clay floor tiles, the furniture is modern and functional.

En esta página, alzados de las diferentes fachadas del edificio. Los apartamentos están completamente equipados, con todos los elementos necesarios para conseguir una vivienda cómoda y funcional: cocina-comedor, sala de estar, dormitorios y baños. En la página siguiente, vista de una de las salas de estar donde, además de la presencia de elementos rústicos, como los techos o las baldosas de barro que pavimentan el suelo, los muebles son modernos y funcionales.

Main facade / *Fachada principal*

South facade / *Fachada sur*

West facade / *Fachada oeste*

Views of the dining room and the kitchen of one of the apartments. In the kitchen the blue wall and doorframe create a cooler atmosphere in this area of the house.

Vistas del comedor y la cocina de uno de los apartamentos. De esta última cabe destacar el azul de la pared y del marco de la puerta, dando un aire más fresco a esta zona de la casa.

Functionality and a rustic style are present in the decor of all the rooms. Old wooden furniture, such as a sideboard with doors decorated with chicken wire, a dresser or a bed, give warmth and a country flavour to the different spaces. In the bathroom, the combination of blue and earth-coloured tiles creates a cool atmosphere.

La funcionalidad y el estilo rústico de la decoración de los apartamentos se hacen presentes en todas las estancias. Muebles antiguos de madera, como un armario vajillero con puertas decoradas con tela de gallinero, una cómoda o una cama dan calidez y un sabor campestre a los distintos espacios. En el baño, destaca el frescor que proporciona la combinación de baldosas de color azul y tierra.

A painter's residence

Art and rustic elements preside over this house surrounded by fields that was fitted out as a dwelling and painter's studio. One of the intentions of the restoration scheme was to respect the openings of the facade and the simple distribution of the spaces of the original house.

On the ground floor, some of the stables were added to the house to form the entrance. The rabbit shed was turned into a cellar and another outbuilding was converted into a toilet. The main element on the ground floor is the painter's studio located in the former cowshed. This space underwent minimum modifications, limited to covering the floor with a layer of polished concrete stained with iron oxide. The first floor, with its own exit to the garden, houses the kitchen-dining room, the living room and two bedrooms with a bathroom. The partitions of the kitchen were demolished but the old fireplace was conserved with its rough wooden beams, creating a space that respects the rustic atmosphere of the original house.

The top floor houses the large main bedroom with its own bathroom and a terrace with views of the country. The walls were painted with warm, neutral colours that favour the natural lighting, and the sloping ceilings with their exposed wooden beams were conserved. The floor of the whole dwelling was paved with waxed mud tiles that give the house a rustic character and respect the simplicity of the finishes. Old and modern furniture are combined in a decoration that features original works of art. The general sobriety of the decoration finds its counterpoint in the numerous paintings that give colour and brightness to almost all the rooms of the house; the whole interior of the dwelling is pervaded by art and comfort. Though the garden of the house has still received little attention, one can already see some of the autochthonous flowers that have been planted. A simple pergola respects the beauty of the facade of the house, creating cool shade for the warm days.

Vivir con arte

El arte y los elementos rústicos presiden esta casa rodeada de campos que ha sido habilitada con la doble función de vivienda y estudio de pintura. El respeto por las aberturas de la fachada y la sencilla distribución de los espacios de la casa original fue una de las intenciones del proyecto de restauración de la vivienda.

En la planta baja, algunas de las cuadras fueron añadidas a la casa integrándolas como entrada. La conejera ha pasado a funcionar como bodega y otra de las habitaciones abovedadas es ahora un aseo. Pero el elemento principal de la planta baja es el estudio de pintura, ubicado en lo que antiguamente fue el establo. Las transformaciones de este espacio han sido mínimas, reduciéndose a la cobertura del suelo con una capa de hormigón pulido y teñido con óxido. En la primera planta, con su propia salida al jardín, se encuentran la cocina-comedor, el salón y dos habitaciones con un baño. Los tabiques de la cocina han sido derribados pero se ha conservado el antiguo hogar, con sus vigas de madera tosca, consiguiendo un cálido espacio fiel al ambiente rústico de la casa original. El último piso es una suite, con el amplio dormitorio principal, un baño y una terraza con vistas al campo.

Si bien las paredes han sido pintadas con colores cálidos y neutros que favorecen la luminosidad, los techos inclinados se conservan con sus vigas vistas de madera. Además el suelo de toda la vivienda ha sido pavimentado con baldosas de barro encerado que aportan un aire rústico a la casa además de respetar la sencillez de los acabados. Muebles antiguos y modernos se combinan en una decoración donde, sin embargo, son las obras de arte las que tienen el protagonismo. La sobriedad general de la decoración tiene su contrapunto en los numerosos cuadros que alegran y dan color a casi todas las estancias de la casa haciendo que arte y confort se respiren por el interior de toda la vivienda. El jardín, a pesar de ser la asignatura pendiente de la casa, ya ve crecer algunas de las flores autóctonas que se han plantado y está presidido por una sencilla pérgola que, respetando la belleza de la fachada de la casa, crea una fresca sombra ideal para los días cálidos.

On the left page, a view of the living room where the red brick colour of the upholstery of the sofas matches the clay floor. On the windows, old fisherman's nets provide protection against mosquitoes. Upstairs, straight and curved lines were mixed on the interior. A curving arched staircase separates the hall from the living room. On the left, the fireplace that presides over the living room and the colourful works of art that are hung all over the house.

En la página de la izquierda, vista del salón donde el color teja de la tapicería de los sofás entona con el suelo de barro de la estancia. En las ventanas, las viejas redes de pescador funcionan como mosquiteras. Arriba, en el interior de la casa se han querido mezclar líneas rectas y curvas. Como ejemplo de éstas últimas, la escalera en forma de arco que separa el distribuidor del salón. A la izquierda, la chimenea que preside la sala de estar y el colorido de las obras de arte presente en toda la casa.

On the right page, one of the stables of the original house transformed into the entrance of the dwelling. The walls were painted with a warm yellow that contrasts with the bold indigo blue of the ceiling. An enormous painting receives the visitors as they cross the threshold. On this page, the sculptures and paintings cohabit in perfect harmony with the more rustic elements of the house such as the exposed stonework and the arches.

En la página de la derecha, una de las cuadras de la casa original convertida en la entrada de la vivienda. Las paredes se han pintado con un cálido amarillo que contrasta con el atrevido azul añil del techo. Un enorme cuadro recibe al visitante nada más traspasar el umbral de la vivienda. En esta página, las esculturas y los cuadros conviven en perfecta armonía con los elementos más rústicos de la casa, como la piedra vista o los arcos.

The kitchen-dining room occupies a space adjacent to that of the original kitchen. The existing partitions were demolished to obtain a large space used as a dining room and an area for conversation that communicates with the area housing the old fireplace. The cupboard was made to measure to take full advantage of the space. Natural light illuminates the dwelling through two windows located in a corner that already existed on the original facade. Above, a detail of one of the small original windows.

La cocina-comedor ocupa un espacio adyacente al de la cocina primitiva. Para su construcción, se tiraron los tabiques existentes consiguiendo un amplio espacio utilizado como comedor y zona de tertulia que comunica con el antiguo hogar. El armario fue hecho a medida para aprovechar mejor el espacio. La luz natural penetra a través de dos ventanas situadas en una esquina que ya existían en la fachada original. Sobre estas líneas, vemos en detalle una de las pequeñas ventanas primitivas.

The old fireplace presides over a cosy corner that communicates with the new kitchen-dining room. Some of the original partitions shown above, in photos taken before the restoration, were demolished to create this space. The walls were whitewashed and the exposed wooden beams create a rustic atmosphere in the old living room with its fireplace. This living area is furnished with wicker seats and a marble table with a wrought iron base.

La antigua chimenea preside un cálido rincón que comunica con la nueva cocina-comedor. Para ello se tiraron algunos de los tabiques primitivos que vemos, sobre estas líneas, en las fotos anteriores a la restauración. Las paredes fueron encaladas y se conservaron las vigas vistas de madera que proporcionan un aire rústico y cálido al antiguo hogar. Para completar esta zona de estar, unas sillas de mimbre y una mesa de mármol con pie de hierro forjado.

On this page, though modern, the bathrooms are totally faithful to the rustic character of the house. In the places where the exposed stonework was not conserved, clay tiles were used to provide a welcoming rustic atmosphere. On the right page, a general view of the main bedroom located on the top floor with sloping ceilings of exposed wooden beams.

En esta página, a pesar de ser modernos, los baños son totalmente fieles al aire rústico de la casa. Allí donde no se ha mantenido la piedra vista de los muros, se han puesto baldosas de barro que proporcionan un ambiente acogedor y al mismo tiempo rústico. En la página de la derecha, vista general del dormitorio principal, ubicado en la última planta y donde destacan los techos inclinados con vigas vistas de madera.

Over an old Roman villa

This house is steeped in history. Near to an auxiliary road of the Via Augusta, the building contains vestiges of a Roman village that was inhabited between the first and fourth centuries AD. It was later abandoned until the sixteenth century when a Catalan farmhouse was built on top of the original building, and it has been inhabited since then. A strict respect for the historical elements that refer to the ancient past of the farmhouse was a key factor in the restoration of the house because its owner is very fond of archaeology.

The ground floor of the dwelling, formerly housing the stables and barns, now houses the communal areas, that is, the living room, the kitchen and the dining room. The upper level of the house is accessed by a stone staircase that was present in the original building. Its ceiling was glazed to provide natural light and to protect it from the weather. The first floor houses the bedrooms and bathrooms.

A very gentle ochre was used for the walls of the dwelling, and in combination with the clay tiles it gives the interior a warm rustic character. On some of the interior walls the stone was left exposed, completing the rural character of the house. Modern and functional furniture is combined with true antiques (Isabelline chairs, Renaissance engravings, Spanish rustic pieces), resulting in a decor that is comfortable and that exudes history from all sides.

However, it is on the exterior that the presence of history is most forceful. The ruins of the old Roman villa preside over the garden surrounding the farmhouse. Buttresses were conserved on the walls of the house and an arcade that opens the way to the garden could be part of an old Roman aqueduct. A porch fitted out as a living area is also presided over by a spectacular old stone column in the form of a truncated cone. The green of climbing plants is set against the stone of the facade, and a lawn covers the beautiful garden planted with lush trees. Besides history, nature has also left its mark on the property.

Sobre una antigua villa romana

Si algo se respira en esta casa es historia. Cercana a un camino auxiliar de la Vía Augusta, la edificación contiene vestigios de una villa romana que fue habitada entre los siglos I y IV d.C. Posteriormente sería abandonada hasta que en el siglo XVI se edificó sobre la construcción primitiva una masía catalana, morada desde entonces. El riguroso respeto por los elementos históricos que remiten al pasado más antiguo de la masía ha sido una pieza clave a la hora de restaurar la casa ya que su propietario es un gran aficionado a la arqueología.

En la planta baja de la vivienda, donde antaño se encontraban las cuadras y los graneros, ahora se ubican las zonas comunes, esto es, los salones, la cocina y el comedor. Al nivel superior de la casa se accede por una escalera de piedra, ya existente en la construcción original, cuyo techo ha sido acristalado para iluminarla con luz natural y resguardarla de la lluvia al mismo tiempo. En la primera planta se encuentran los dormitorios y los baños.

Un ocre muy suave reviste las paredes de la vivienda proporcionando, junto al pavimento de baldosas de barro, un aire cálido y rústico al interior. En algunas de las paredes interiores se ha dejado la piedra vista completando el aire rural que caracteriza a la casa. Muebles modernos y funcionales se combinan con verdaderas antigüedades (sillas isabelinas, grabados renacentistas, piezas rústicas españolas) dando como resultado una decoración no sólo confortable sino también con un sabor a historia que rezuma de cada rincón.

Pero es en el exterior donde la historia se hace presente con más fuerza. Las ruinas de la antigua villa romana presiden el jardín que rodea a la masía. En los muros de la casa se conservan contrafuertes y una arcada que da paso al jardín pudo formar parte de un antiguo acueducto romano. También un porche habilitado como zona de estar es presidido por una espectacular columna antigua de piedra en forma de cono truncado. Mientras el verde de las enredaderas entona con la piedra de la fachada, el césped se extiende por el hermoso jardín poblado de frondosos árboles. Además de la historia, también la naturaleza ha hecho acto de presencia en la finca.

Vestiges of the Roman and modern past of the property are found everywhere. Above, two perspectives of an arcade that could be part of a Roman aqueduct. Below, from the porch one can see a pleasant inner courtyard bounded by the arcade that opens the way to the garden. The old stone column that supports the roof of the porch, in the form of a truncated cone, rises in the foreground.

Los vestigios del pasado romano y moderno de la finca se encuentran por todas partes. Sobre estas líneas, dos perspectivas de una arcada que pudo formar parte de un acueducto romano. Abajo, desde el porche se divisa un agradable patio interior limitado por la arcada, que da paso al jardín. La columna antigua de piedra que sustenta el techo del porche, en forma de cono truncado, se erige en primer plano.

History and comfort cohabit harmoniously. In the garden, from time to time the grass is inter-rupted by remains of Roman ruins that bear witness to the ancient past of the property. All of this can be contemplated from the living areas located on the exterior of the dwelling: stone benches set against the wall create a pleasant area in which to sit outdoors, and under a porch a bar-becue can be used for delightful outdoor meals.

La historia y el confort conviven armoniosamente. En el jardín, de vez en cuando el césped se ve interrum-pido por restos de ruinas romanas que son testimonio del pasado antiguo de la finca. Todo ello puede con-templarse desde las zonas de estar, ubicadas en el exterior de la vivienda: bancadas de piedra adosadas al muro crean un agradable rincón en el que aposen-tarse al aire libre y, bajo un porche, un asador-barba-coa hace las delicias de las comidas al aire libre.

The interior of the dwelling has acquired a warm rustic character. The lintels of the doors and even some walls conserve the exposed stone-work. The clay floor tiles provide an earth colour that matches the light ochre of the walls. The final touch is provided by the antique furniture, the altarpieces and the old books.

El interior de la vivienda ha conseguido adquirir un aire rústico y un ambiente cálido. Los dinteles de las puertas e incluso algún muro conservan la piedra vista. Baldosas de barro pavimentan el suelo dándole un color tierra que entona con el suave ocre de las paredes. La guinda la ponen las antigüedades que van desde los muebles hasta los retablos religiosos y los libros antiguos.

The original stone staircase of the house leading to the upper level was conserved. The ceiling was glazed to provide natural lighting and to preserve the interior from rain. The stonework is enhanced by a simple iron handrail that was made to measure for this staircase. Below, views of two rooms decorated with attractive antiques.

Se ha conservado la escalera de piedra original de la casa por la que se accede al nivel superior. El techo ha sido acristalado para dejar pasar la luz natural al tiempo que resguarda el interior de la lluvia. Sin quitarle protagonismo a la piedra, destaca la sencilla barandilla de hierro que se ha realizado a medida para esta escalera. Abajo, vistas de dos estancias donde llaman la atención las antigüedades que las decoran.

On this page, the light ochre of the walls and the earth colour of the floors give the bedrooms a pleasant warmth. The architects conserved the sloping ceilings with wooden beams, some of them left with their natural wood colour and some painted in a neutral colour to make the room brighter. A white fan hanging from the ceiling refreshes the room on hot summer days.

El suave ocre de las paredes y el color tierra de los suelos aportan una agradable calidez a los dormitorios. Se han conservado los techos inclinados de vigas de madera vista, en unos conservando el color de la madera y en otros pintándolos de un color neutro que da más luminosidad a la estancia. Un ventilador blanco que cuelga del techo refresca la estancia en los calurosos días veraniegos.

Open to the landscape

This splendid house is located halfway between two small stone villages of hardly a dozen houses each. This old mill with impressive views over wide fields was restored by the architect Alberto Aguirre to create a comfortable dwelling that is open to the exterior. Its excellent aspect and the large plot on which it is located were key factors in the restoration, which consisted of opening the house, filling it with light and creating spaces in the garden. Because it was an old mill, part of the house was semi-buried to facilitate loading onto the first floor. The first task in the reconstruction was to remove the earth and reveal the lower parts of the walls.

The dwelling is accessed from the road at the rear. Immediately on entering one finds a large pentagon-shaped hall that opens the way to the rooms on the ground floor and to the staircases leading to the upper floor. On the first floor are two large, long rooms with access to the garden.

One of these rooms is not framed within the original structure of the house but was a side barn that has been restored and joined to the other room. The old barn thus becomes a room with two walls full of light and views. This first level also houses the dining room and kitchen, located in a large room with access to the garden and an interior pergola. This space, together with the pantry, a laundry room and the garage, forms the other wing of the house. Just above, on the first floor, is the terrace with enormous windows that look over the landscape. The choice of warm, gentle colours for the walls and the elegant furniture are enhanced by the brightness of the dwelling. However, due to the constant exposure to the sun, it was necessary to provide shaded areas on the exterior. The immense porch, the climbing plant that covers the facade, the elegant pool and an enormous palm tree help to cool the house and give it a touch of distinction.

Abierta al exterior

Situada a medio camino entre dos pueblecitos de piedra de apenas una docena de casas cada uno, se encuentra esta espléndida casa. Con unas vistas impresionantes sobre extensos campos, este antiguo molino fue acondicionado por el arquitecto Alberto Aguirre consiguiendo una confortable vivienda volcada al exterior. Su excelente orientación así como el inmenso terreno de que dispone eran claves para abrir la casa, llenarla de luz y crear espacios en el jardín. Al ser un antiguo molino, parte de la casa estaba semienterrada para facilitar la carga al primer piso. Sacar toda esa tierra y descubrir las partes bajas de los muros fueron las primeras tareas en la reconstrucción.

A la vivienda se accede por atrás, desde el camino. Nada más entrar un gran recibidor en forma de pentágono da paso a las estancias de la planta baja así como a las escaleras que conducen al piso superior. En los bajos encontramos dos grandes salas alargadas y con salida al jardín. Una de estas salas no se enmarca dentro de la estructura original de la casa sino que era un pajar lateral que se ha acondicionado y unido a la otra sala. De esta forma el antiguo pajar se transforma en una sala con dos paredes llenas de luz y vistas. En este primer nivel también se encuentra el comedor y la cocina, situados en una amplia habitación con salida al jardín y a una pérgola interior. Este espacio junto con la despensa, un lavadero y el garaje forman el otro ala de la casa. Justo encima de este lateral, en el primer piso, se encuentra la terraza con enormes ventanales que permiten dominar el paisaje. La elección de los colores para las paredes, de tonos cálidos suaves, así como la elegancia de los muebles se ven engrandecidos con la luminosidad de la vivienda. Precisamente por su constante exposición al sol, ha sido preciso dotar el exterior de zonas de sombras. Así el inmenso porche, la enredadera que cubre la fachada, la elegante piscina y una enorme palmera contribuyen a refrescar la casa mientras que a su vez le ponen un toque de distinción.

On this page, the porch serves as an area of encounter between the exterior and the interior. On the following page, the immense garden that half-surrounds the house is bounded by large fields. The views from the terrace are framed by the arched windows.

En esta página, el porche sirve de zona de encuentro entre lo exterior y lo interior. En la página siguiente, el inmenso jardín que semirodea a la casa limita con campos amplios. Las vistas desde la terraza quedan enmarcadas por los ventanales arqueados.

The excellent orientation of the house allows complementary spaces to be added to the garden. The distribution of the ground floor creates a living-dining room that opens onto the garden and is communicated by all its walls.

La excelente orientación de la casa permite que el jardín pueda aprovecharse añadiendo espacios complementarios. La disrtibución de la planta baja permite un salón comedor abierto al jardín y comunicado por todas sus paredes.

Ground floor plan / *Planta*

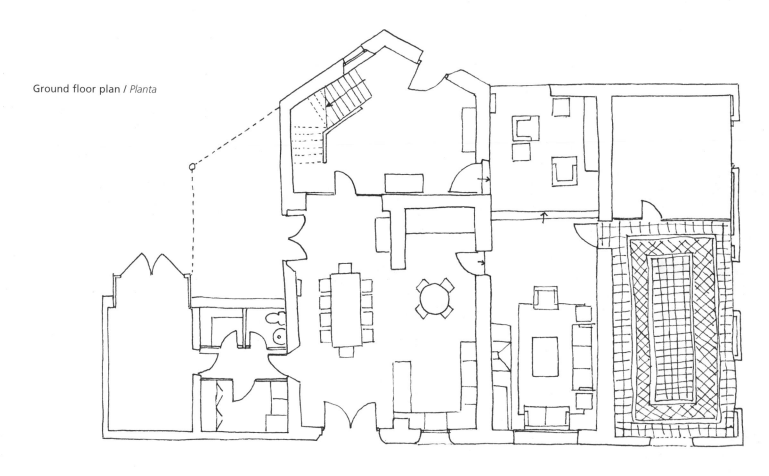

Old and decorative elements are placed throughout the garden, giving it a simple, rustic appearance. The porch, the terrace and the pool are the favourite places for sunny days.

Elementos antiguos y decorativos aparecen por todo el jardín dándole un aire rústico y simple. El porche, la terraza o la piscina son los lugares preferidos para los días de sol.

The windows and doors become focuses of light that illuminate all the spaces. The tones of the walls and the furniture help to create a welcoming sensation in accordance with the spirit of the house.

Ventanas y puertas se convierten en auténticos focos de luz que iluminan todos los espacios. Los tonos de las paredes junto con los muebles ayudan a crear acogedoras sensaciones muy acordes al espíritu de la casa.

Though the dining room and kitchen share the same space, they are large enough not to be confused. The entrance to the dining room is through a large stone arch that communicates with the hall.

El comedor y la cocina si bien comparten el mismo espacio, su amplitud logra que las dos dependencias no se confundan. La entrada al comedor se realiza a través de un gran arco de piedra que comunica con el recibidor.

On the previous page, a detail of the hall and the staircase that leads to the upper floor. Aesthetics and functionality were combined in the bedroom with a large bed and access to the terrace and in the bathrooms.

En la página anterior, detalle del recibidor y la escalera que conduce al piso superior. La estética y la funcionalidad se han tenido en cuenta tanto al crear un dormitorio con una gran cama y con salida a la terraza como en la construccion de los baños.